MEMENTO

A L'USAGE

DES

COMMISSAIRES-PRISEURS

DE PARIS

1878

MEMENTO

A L'USAGE

DES

COMMISSAIRES-PRISEURS

DE PARIS

1878

CHAMBRE DES COMMISSAIRES-PRISEURS

DE PARIS

EXTRAITS

DES

RÈGLEMENTS ET DÉLIBÉRATIONS DE LA CHAMBRE

ET DES

LOIS, ORDONNANCES, DÉCRETS, ARRÊTÉS ET DOCUMENTS

Relatifs aux fonctions des Commissaires-Priseurs.

PARIS

IMPRIMERIE ET LITHOGRAPHIE Vᵉ RENOU, MAULDE ET COCK

144, RUE DE RIVOLI, 144

1878

CHAMBRE

DES

COMMISSAIRES - PRISEURS

DE PARIS

ADMINISTRATION INTÉRIEURE DE L'HOTEL
DES VENTES

Extrait du Règlement administratif.

Un Comité permanent, composé des cinq membres formant le bureau de la Chambre, examine la comptabilité et l'administration intérieure de l'Hôtel, et s'occupe de tout ce qui concerne le bâtiment.

Délibération[s] Chambre des ... vier 1861 et ... 1866.

Personnel administratif de l'Hôtel.

Ce personnel, placé sous l'autorité directe de la Chambre, est à ses ordres seuls, et ne peut être distrait de son service par aucun membre de la Compagnie, pour quelque cause que ce soit.

Il se compose de :

1° Un agent supérieur, remplissant les fonctions de gérant ;

2° Un employé chargé du service des ventes de la Chambre ;

3° Un garde magasin ;

4° Un sous-garde magasin, chef du bureau des renseignements ;

5° Un concierge-surveillant pour la cour et les soubassements ;

6° Trois surveillants au moins pour les vestibules et les salles de vente ;

7° Un caissier, pris parmi les commissionnaires, chargé de l'encaissement des bordereaux provenant des ventes faites dans les salles de l'Hôtel, et qui lui sont remis par les Commissaires-priseurs ;

8° Un brigadier et un sous-brigadier, pris parmi les commissionnaires, faisant fonctions de chef et de sous-chef du bureau des transports ;

9° Enfin un garçon de bureau et un gazier, chargés du service de propreté, en tout temps, et, pendant l'hiver, du service des calorifères et de l'éclairage.

Ces divers agents sont revêtus d'un uniforme, ou portent des insignes extérieurs, les signalant au public comme attachés à l'administration.

Ce personnel comprend encore, comme employés au secrétariat :

1° Le caissier de la Compagnie ;

2° Un ou plusieurs employés au service des archives et aux écritures ;

3° Le clerc spécial des ventes de la Chambre.

Agent supérieur.

L'agent supérieur est chargé de l'exécution des avis, décisions et règlements de la Chambre, qui concernent l'Hôtel des ventes et la location des salles.

Il a sous ses ordres et sous sa surveillance le personnel et le matériel de l'Hôtel.

Il est chargé, sous sa responsabilité, de la garde, de la conservation et de l'entretien du matériel.

Il a le droit d'examen et de contrôle sur tous les objets mobiliers introduits dans les salles de vente, sur leur nature et leur provenance.

C'est à lui que doivent être adressées les réclamations, et soumises les diverses difficultés qui peuvent s'élever dans l'Hôtel, sauf à lui à renvoyer, s'il y a lieu, et suivant les cas, soit aux Commissaires-Priseurs chargés des ventes qui y donneraient lieu, soit au membre de la Chambre de service, soit à la Chambre même.

Caissier de la Compagnie.

La comptabilité générale de la Compagnie est confiée à un Caissier sous la surveillance spéciale de M. le Trésorier.

La caisse est ouverte au secrétariat tous les jours de la semaine, de 9 heures du matin à 4 heures du soir, pour les membres de la Compagnie, et pour le public de 9 heures à midi seulement.

Elle est fermée les dimanches et jours de fêtes légales (Ascension, Assomption, Toussaint, Noël), ainsi que le premier jour de l'an.

Toutefois, elle restera ouverte jusqu'à 11 heures les dimanches et jours fériés compris dans le délai du versement en bourse commune, et jusqu'à 4 heures s'il s'agit du dixième et dernier jour de ce délai,

Employé des ventes de la Chambre.

Il est chargé du service et de la comptabilité des ventes de la Chambre.

Garde-magasin.

Il a sous sa responsabilité la garde et la surveillance des objets séquestrés judiciairement dans les magasins, et de ceux qui y sont déposés, soit avant, soit après les ventes.

Il constate, sur un registre spécial, le dépôt des objets séquestrés et emmagasinés.

Il inscrit les droits d'emmagasinage dus pour les objets retirés des magasins sur un bulletin qui doit être représenté au sous-garde-magasin chargé de l'encaissement de ces droits, et visé à la caisse des commissionnaires.

Il doit fournir aux personnes intéressées toutes les indications concernant les objets emmagasinés ou séquestrés.

Il est chargé, sous sa responsabilité, de la garde et de la conservation du matériel flottant ou supplémentaire, qui, moyennant un droit de location, est à la disposition des Commissaires-Priseurs, pour les expositions et ventes faites, soit à l'Hôtel, soit en ville.

C'est à lui que doivent être adressées les demandes de location de ce matériel.

Le 10 de chaque mois au plus tard, il remet au secrétariat, qui se charge de la faire parvenir à chacun des membres de la Compagnie, la liste des objets se trouvant en magasin et provenant ou paraissant provenir des ventes par eux faites pendant le cours du mois précédent.

Sous-Garde-magasin.

Il doit fournir aux membres de la Compagnie et au public toutes les indications propres à guider et à éclairer ceux qui les demandent et qu'elles intéressent, relativement aux ventes qui se font chaque jour dans l'Hôtel, aux salles où elles ont lieu, et aux Commissaires-Priseurs qui y procèdent.

Il constate, sur un registre spécial, l'entrée des objets apportés pour être vendus.

C'est à lui que doivent être représentées, par les personnes apportant des objets destinés à être compris dans les ventes de la Chambre, les pièces justificatives de leur identité.

Il perçoit les droits d'entrée et d'emmagasinage, dont il verse chaque jour le montant à la Caisse de la Compagnie.

Concierge et surveillants.

Le concierge remplit les fonctions de surveillant pour la cour et les soubassements.

Les surveillants remplissent les fonctions de garçons de bureau.

Ils veillent au maintien et à la conservation, dans chaque salle de vente, du matériel particulier qui lui est affecté et qui, sous aucun prétexte, ne doit en être déplacé.

Ils doivent maintenir l'ordre et une facile circulation dans les cours, salles et vestibules; veiller à ce que l'entrée des salles soit toujours libre; assurer, par une surveillance continuelle, l'exécution du règlement intérieur affiché dans l'Hôtel.

Ils sont tenus de fournir au public les renseignements qui leur sont demandés, de faciliter, autant que possible, l'entrée des salles et les abords des ventes aux personnes, amateurs ou autres, plus étrangères que les marchands aux habitudes des ventes publiques.

Ils doivent intervenir dans les rixes, querelles et disputes qui pourraient s'élever entre marchands ou autres, éloigner les perturbateurs, et faire expulser de l'Hôtel ceux qui y troubleraient l'ordre.

Ils doivent répondre, aussitôt que possible, aux coups de sonnette donnés de l'intérieur des salles par les Commissaires-Priseurs, et exécuter les ordres qu'ils leur transmettent, s'ils sont de leur compétence, sinon avertir l'agent supérieur.

Ils ne doivent quitter leur poste, sous aucun prétexte, pendant les heures de ventes ou d'expositions.

En cas de difficultés, ils en réfèrent à l'agent supérieur.

Ils doivent, en toute circonstance, dans l'observation de leur consigne, concilier une certaine fermeté polie avec les égards et les ménagements qui leur sont impérieusement recommandés envers le public.

Caissier des Commissionnaires.

Il est chargé de l'encaissement des bordereaux d'adjudication provenant des ventes faites dans les salles de l'Hôtel, et qui lui sont remis par les Commissaires-Priseurs.

Ces bordereaux ne concernent que les objets mobiliers dont les Commissionnaires sont chargés de faire la livraison à l'Hôtel même ou le transport à domicile.

Sa comptabilité est régularisée par des registres particuliers.

Ces registres sont toujours à la disposition des membres de la Compagnie, et les comptes doivent être représentés à ceux qu'ils intéressent à toute demande.

Délibération du 27 ... 1862.

Le compte de chaque vente faite à l'Hôtel, et dont les bordereaux auront été remis au caissier des commissionnaires, devra être apuré à l'expiration du mois qui suivra la vente. Pour arriver à ce résultat, le caissier des commissionnaires présentera au comité de surveillance, le 1ᵉʳ de chaque mois, le compte de toutes les ventes antérieures au 1ᵉʳ du mois précédent, qui ne seront pas encore soldées en totalité, et ainsi de suite, de mois en mois.

Les noms des Commissaires-Priseurs qui n'auront pas réglé leurs comptes de vente dans le mois seront remis à M. le Syndic.

Il est ouvert par la caisse des commissionnaires un compte au nom de chaque Commissaire-Priseur.

Les à-compte sur le montant des ventes ne peuvent être remis qu'aux Commissaires-Priseurs eux-mêmes, ou à leurs employés autorisés par écrit.

Quant aux reçus pour solde, ils ne peuvent être donnés *que par les Commissaires-Priseurs eux-mêmes*, et sur le registre à ce destiné.

La recette des bordereaux doit être faite de manière que, dans les quatre jours de leur remise au caissier, chaque Commissaire-Priseur puisse en opérer la rentrée.

Si, pour une cause quelconque, les meubles adjugés étaient refusés à leur livraison et le bordereau non-payé, avis doit en être donné au Commissaire-Priseur dans les vingt-quatre heures.

Le caissier est responsable du montant des bordereaux, lorsque les meubles ont été livrés sans paiement par les commissionnaires, ou lorsque, les meubles ayant été refusés au moment de leur livraison, il n'en a pas donné avis au Commissaire-priseur dans ledit délai de vingt-quatre heures.

Cette responsabilité s'étend solidairement à tous les commissionnaires. C'est pour cette raison que le caissier est pris parmi eux.

Brigadier et Sous-Brigadier.

Ils reçoivent toutes commandes des Commissaires-priseurs et du public, relatives au transport des meubles, et c'est à eux seuls qu'on doit s'adresser à cet effet.

Ils fixent le prix des divers transports, d'après le tarif établi, ainsi qu'on le verra ci-après.

Ils distribuent chaque jour le service aux commissionnaires.

Commissionnaires.

Indépendamment des employés dont les fonctions viennent d'être définies, il existe des commissionnaires attachés spéciale-ment et exclusivement au service de l'Hôtel des ventes.

Le nombre, sans autre limite que les besoins de ce service, en est actuellement de quatre-vingts.

Ils sont sous la direction du brigadier chef du bureau des transports et du sous-brigadier qui lui est adjoint, pour tout ce qui concerne le transport des meubles, la recette des borde-reaux, les entrées et sorties des magasins, et pour tout ce qui est relatif à ces divers services : et, sous les ordres et l'autorité de l'agent supérieur, pour ce qui se rapporte au service géné-ral de l'Hôtel.

Ils doivent obtempérer à tous les ordres qui leur sont donnés pour ce service, soit comme travail rétribué, soit comme tra-vail de corvée, leur admission, toute gratuite d'ailleurs, n'étant qu'à cette condition.

Ils désignent parmi eux des brigadiers chargés de la livrai-son des meubles, et qui doivent les diriger dans leur service ; ces brigadiers doivent être agréés par l'agent supérieur, qui a même le droit de désigner ceux de son choix si les commis-sionnaires refusaient d'en indiquer, ou si ceux élus ne remplis-saient pas les conditions voulues.

Ils ne doivent jamais délivrer, même à des personnes con-nues, aucun objet sans se faire remettre le talon de l'étiquette reçu par l'adjudicataire, ainsi qu'on le verra ci-après.

Ils sont responsables des objets brisés, endommagés, échangés ou perdus par leur fait, ainsi que du montant des bordereaux non acquittés, lorsqu'ils auront livré les objets sans ordre exprès, ainsi qu'il a été dit ci-dessus au titre du *Caissier des Commissionnaires.*

Chacun des commissionnaires est désigné par un numéro d'ordre placé au collet de la veste et du gilet, d'une façon apparente ; il est, de plus, porteur d'une plaque indiquant qu'il est attaché au service de la Compagnie.

Ils ont une tenue d'uniforme, pour laquelle ils doivent se conformer aux indications de l'agent supérieur.

ration du Co-
du 3 Septembre

Le prix des transports est établi par un tarif déterminé d'après les distances à parcourir, le nombre, l'importance et la nature des objets.

Ce tarif, auquel est joint un plan de Paris divisé par zônes, est placé dans le bureau des transports à la disposition du public.

Il est alloué aux commissionnaires un droit de manutention : 1° toutes les fois que les objets à vendre n'ayant pas été transportés, à leur arrivée, dans les salles de vente, ont donné lieu à un droit de magasinage ; 2° et dans tous les cas où les objets ont été déplacés *et* transportés d'une salle dans une autre, pour quelque cause que ce soit.

Les gains provenant des transports et autres rétributions accordées aux commissionnaires leur reviennent intégralement et sans aucune retenue. Ils se les partagent entre eux, à leur gré, d'après leurs conventions particulières, la Compagnie restant totalement étrangère à tout ce qui concerne la propriété de leur matériel en chevaux, voitures, brancards, etc.

Ils ne peuvent être admis ou choisis que par l'agent supérieur, qui a sur eux un droit disciplinaire d'amende, de mise à pied et de renvoi. La Chambre seule statue sur la diminution ou l'augmentation de leur nombre.

RÈGLEMENT INTÉRIEUR

Affiché dans l'Hôtel, à l'usage du public.

L'Hôtel est ouvert chaque jour :

Pour visiter les expositions et assister aux ventes qui s'y font, à partir de une heure seulement ;

Et pour tous les besoins du service, tels qu'apports et livraison de meubles, à partir de 8 heures du matin jusqu'aux heures indiquées ci-après pour chaque nature d'opération, et, le dimanche, jusqu'à 11 heures seulement.

Les jours de fêtes légales (Ascension, Assomption, Toussaint), le premier jour de l'an, les jours de Pâques et de la Pentecôte, l'Hôtel restera fermé.

Le jour de Noël, il pourra être ouvert, mais pour les expositions seulement.

Les personnes apportant des objets à vendre dans les salles ne pourront y séjourner que le temps nécessaire pour y déposer et faire reconnaître les dits objets.

Enregistrement à l'Entrée

Les objets envoyés à l'Hôtel devront être, à leur entrée, enregistrés au bureau des déclarations établi à cet effet.

Le bon d'entrée ne sera délivré que sur le vu d'une autorisation écrite émanant du Commissaire-Priseur vendeur, ou de son étude, qu'il s'agisse de meubles destinés à être vendus soit le jour même, soit un jour ultérieur. *(Délibération Mars 1874.)*

Il sera perçu, par chaque arrivage, et même par chaque objet envoyé séparément, un droit d'entrée de 10 centimes. *(Délibération Juin 1852.)*

Les objets destinés à la vente du jour devront être déposés à l'Hôtel avant 11 heures du matin ; passé cette heure, ils seront emmagasinés, aux frais de leur propriétaire, pour la vente du lendemain ou de tous autres jours.

Les objets apportés *après deux heures pour la vente du lendemain* seront emmagasinés sans frais de magasinage ni de manutention, ainsi que ceux apportés le samedi ou la veille des jours fériés, *après deux heures*, pour la vente du lundi ou du lendemain de la fête.

Quand un Commissaire-Priseur aura loué une salle pour une vente ayant un caractère judiciaire, il aura la faculté, sans payer aucun droit de magasinage, de déposer les objets à vendre dans les magasins pendant les deux jours qui précéderont la vente.

La dispense des droits de magasinage accordée ci-dessus, pour les ventes judiciaires en général, ne sera, en aucun cas, applicable aux ventes volontaires ou de réunion, sans exception, quelle que soit leur nature ou leur composition.

Les objets envoyés à l'Hôtel devront toujours y être déposés avant 5 heures de relevée ; passé cette heure, leur admission sera remise au lendemain.

Aucune voiture de transport, autre que celles attachées au service spécial de l'Hôtel, ne pourra, sous aucun prétexte, demeurer, pendant la nuit, dans la cour de l'Hôtel des ventes.

Livraisons

Tout adjudicataire doit, pour se faire livrer l'objet à lui adjugé, représenter le talon de l'étiquette qui a été apposée sur cet objet lors de l'adjudication. *Cette mesure est de rigueur.*

La livraison des objets provenant de la vente du jour se fera jusqu'à 6 heures, et, par exception, pour les ventes se prolongeant au-delà de 6 heures, jusqu'à la fin de ces ventes, et pendant le quart d'heure suivant.

Celle des meubles en magasin se fera jusqu'à 5 heures de relevée, et, le dimanche, jusqu'à 11 heures du matin seulement.

Les objets adjugés dans les salles, qui ne seront pas livrés le jour même de la vente devront être enlevés le lendemain, avant *11 heures très-précises* du matin, à l'exception de ceux vendus le samedi ou la veille d'un jour férié, pour l'enlèvement desquels l'adjudicataire aura jusqu'au lundi, ou au lendemain de la fête, toujours jusqu'à 11 heures.

Si l'enlèvement n'est pas effectué dans les délais ci-dessus, les objets seront déposés dans les magasins, aux risques et périls des adjudicataires, et sans qu'il en résulte aucune responsabilité pour la Compagnie des Commissaires-Priseurs ; ils seront soumis à un droit fixe de manutention de 20 centimes par chaque lot, sans préjudice des droits de magasinage fixés ci-après.

Quinze jours après l'adjudication, si l'acquéreur n'a pas fait retirer lesdits objets des magasins, et payé les droits, la vente aux enchères pourra en être faite, aux risques et périls dudit acquéreur, sans aucune formalité ni avertissement préalables.

Les objets vendus dans les vestibules, soubassements et cours, devront être enlevés *immédiatement* par l'adjudicataire, sinon ils y resteront, à ses risques et périls, sans qu'il puisse exercer aucun recours pour ceux qui ne se retrouveraient pas.

Et, le lendemain de l'adjudication, si l'acquéreur n'a pas retiré ces objets avant 11 heures du matin, la vente aux enchères de ceux qui se retrouveront pourra être faite, à ses risques et périls, sans aucune formalité ni avertissement préalables.

Droits de Magasinage

Il sera perçu un droit de magasinage de 5 centimes par 33 centimètres carrés de place occupée, et par jour, pour tous les objets déposés dans les magasins de l'Hôtel, *pour être vendus*, à partir du jour de leur entrée, jusqu'au jour de leur sortie.

Ce droit sera doublé pour tous colis, caisses vides ou pleines, presses, machines, et généralement pour tous les objets volumineux ou encombrants, lors même qu'ils feraient partie de ventes judiciaires.

Les objets laissés en magasin *après la vente*, soit pour être

enlevés, soit pour être remis en vente, paieront, indépendamment
du droit de manutention de 20 centimes par lot, dont il est parlé
ci-dessus, 10 centimes par 33 centimètres carrés, et par jour.

Transports

Les commandes de transport d'objets destinés à la vente ou
en provenant devront être exclusivement données au bureau
des transports établi à cet effet dans l'Hôtel sous peine d'être
considérées comme non avenues.

Elles seront reçues de 7 heures du matin à 6 heures du soir
Le tarif des transports, auquel est joint un plan de Paris,
divisé par zônes, est placé dans le bureau des transports, à la
disposition du public.

Le public est instamment prié de se tenir en garde contre
certains individus, qui, n'étant pourvus d'aucune autorisation,
et ne portant pas la médaille de commissionnaires, stationnent
aux abords de l'Hôtel des ventes, et s'y introduisent même,
pour offrir leurs services aux personnes qui ont des objets à
emporter.

Les commissionnaires attachés à l'Hôtel des ventes mobilières
sont revêtus d'un uniforme à collet rouge, avec casquette portant les initiales C. P.

Ils sont, en outre, désignés par un numéro d'ordre placé au
collet de la veste et à celui du gilet, d'une façon apparente.

Mesures d'Ordre

Les personnes admises dans les couloirs et magasins des
salles de vente, pour quelque cause que ce soit, ne doivent
jamais y séjourner, sous aucun prétexte ; elles ne doivent *toucher*
à aucun des objets s'y trouvant déposés, en fussent-elles même
adjudicataires ; ces objets étant confiés à la garde et au soin
des commissionnaires, qui en sont responsables.

Les *marchés particuliers* d'objets provenant ou non de la vente

sont interdits à l'intérieur de l'Hôtel ; les personnes qui contre-
viendraient à cette prescription s'exposeraient à voir lesdits
objets confisqués et remis entre les mains de l'autorité.

Il est interdit d'entrer dans l'Hôtel avec des *chiens*, d'y conser-
ver avec soi, déposer ou étaler aucun objet pouvant nuire à la
circulation, au bon ordre et au libre accès des salles.

Défense de fumer dans l'intérieur de l'Hôtel.

Pour tous renseignements et réclamations s'adresser (dans la
galerie) au surveillant.

AFFICHAGE

Il ne peut être apposé sur les murs de l'Hôtel d'autres affiches
que celles annonçant les ventes faites par le ministère des
membres de la Compagnie ; ces affiches, dont le nombre ne
peut excéder 2 exemplaires pour chaque vente, doivent être
déposées au secrétariat, pour être apposées par l'afficheur de
la Chambre, à l'exclusion de tout autre.

Les appositions ont lieu chaque jour, à 10 heures du matin
et à 3 heures de l'après-midi.

Aucune affiche ne peut être apposée plus de cinq jours avant
la vente ou l'exposition.

Il est perçu, pour chaque vente affichée, un droit de 20 centimes, dont il est fait retenue aux membres de la Compagnie ,
lors du règlement bimestriel de la Bourse commune.

Délibération d[u] Décembre 1857.

AFFICHES

I. — Tout Commissaire-Priseur, procédant à une vente, dans une des salles de l'Hôtel, *doit* apposer, sur le tapis placé à la porte de la salle, une affiche imprimée ou manuscrite, contenant notamment les indications suivantes :

Délibération du 5 Juin 1874.
Circulaire du 10 Octobre 1874

1° Le jour de la vente et l'heure réelle à laquelle elle doit commencer ; s'il y a exposition, l'heure de l'ouverture et de la fermeture de la salle ;

2° Le nom et la demeure du Commissaire-Priseur ;

3° La désignation sommaire des objets à vendre ;

4° L'énonciation des conditions générales ou spéciales de la vente.

Délibération du 18 Mars 1864.

II. — La salle sera toujours ouverte au public à l'heure précise indiquée sur les affiches pour les ventes ou les expositions, même en l'absence du Commissaire-Priseur ou de ses employés ; dans le cas où, par force majeure, les expositions ou ventes indiquées ne pourraient avoir lieu, le Commissaire-Priseur qu'elles concerneront sera tenu de l'annoncer au public par une affiche apposée à la porte de la salle.

Circulaire du 20 Juin 1874.

III. — Lorsqu'un Commissaire-Priseur se trouve, par suite de plusieurs demandes distinctes, locataire de la même salle pendant plusieurs jours consécutifs, pour vente de réunion, chacune de ces ventes doit être annoncée par des affiches spéciales n'indiquant que le nombre de jours afférent à chaque location distincte.

Règlement relatif à la location des salles.

IV. — Lorsqu'il est procédé, dans une même salle, par un ou plusieurs Commissaires-Priseurs, à plusieurs ventes, il doit être apposé à la porte de la salle autant d'affiches distinctes qu'il y a de ventes judiciaires ou dénommées, même par une simple initiale, et, en outre, une affiche désignant exactement les objets vendus volontairement, sans aucune indication du nom de leur propriétaire.

Loi du 25 Juin 1841 Article 5 *in fine*.

V. — Dans les ventes autorisées par la justice consulaire, en vertu de la loi du 25 juin 1841, les affiches apposées à la porte du lieu où se fait la vente doivent énoncer la date du jugement qui l'a autorisée.

VI. — Les lois des 3 Juillet 1861 et 23 Mai 1863 prescrivent certaines formalités concernant les affiches et la publicité des ventes faites en vertu de ces lois.

(Voir plus bas au titre Ventes : *Législation relative aux ventes faites en vertu des lois des 3 Juillet 1861 et 23 Mai 1863*).

ANNONCES AU PUBLIC

I. — Le Commissaire-Priseur doit, au commencement de chaque vacation, annoncer au public, à haute voix, les conditions générales et spéciales sous lesquelles se fera la vente, notamment l'obligation par l'adjudicataire de payer son prix comptant, et, en sus dudit prix, les 5 ou 10 p. % applicables aux frais de vente, selon l'usage.

II. — Dans le cas où certaines énonciations des affiches, insertions et catalogues devraient être rectifiées, le Commissaire-Priseur appellera l'attention du public sur cette rectification, qui sera faite au moment de la mise sur table des objets qu'elle concerne.

III. — Les Commissaires-Priseurs sont responsables de la vérité des annonces par eux faites aux enchérisseurs. _{Délibération du 1830.}

IV. — Annonces spéciales à la vente de certains objets (voir *Publicité : Exposition, etc*).

AVANCES

Toutes avances sur objets mobiliers destinés à être vendus aux enchères sont rigoureusement interdites aux Commissaires-Priseurs.

A ce sujet, la Chambre croit devoir rappeler la lettre ci-après adressée à M. le Président par M. le Procureur impérial, à la date du 14 Février 1854 :

MONSIEUR LE PRÉSIDENT,

« J'appelle d'une manière spéciale, votre attention sur une pratique qui paraît être passée dans les habitudes des Commissaires-Priseurs de la ville de Paris et qui consiste à faire des avances sur les valeurs mobilières destinées à être vendues aux enchères.

« Cet usage n'est pas moins contraire au texte qu'à l'esprit des lois qui régissent votre corporation. Indépendamment des moyens de concurrence déloyale qu'il fournit, il permet encore aux Commissaires-Priseurs d'être directement intéressés dans la vente, et les expose à perdre l'indépendance qu'exige leur ministère ; leur position, en pareil cas, ne diffère pas sensiblement du commissionnaire en marchandises qui prête sur consignation de meubles, et, par là, le Commissaire-Priseur se livre à de véritables opérations commerciales, que lui interdit l'article 12 de la loi du 26 Juin 1816.

« Les faits dont il s'agit constituent de sérieux abus, auxquels il importe de mettre un terme.

« Je vous invite, en conséquence, à faire connaître à la Chambre de discipline et aux membres de la Compagnie que, si de pareils faits se présentent à l'avenir, les officiers publics qui s'en rendront coupables seront poursuivis rigoureusement..

« Recevez, Monsieur le Président, l'assurance de ma considération distinguée.

« LE PROCUREUR IMPÉRIAL,

« LASCOUX. »

BORDEREAUX

I. — Les bordereaux d'adjudication à crédit doivent être délivrés gratuitement aux adjudicataires, sauf, bien entendu, le timbre de 10 centimes qui reste à leur charge.

II. — Le compte de chaque vente faite à l'Hôtel, et dont les bordereaux auront été remis au caissier des commissionnaires, doit être apuré à l'expiration du mois qui suivra la vente (voir page 8).

Circulaire du 3 vier 1860.
Loi du 23 Août

BOURSE COMMUNE

Il y a bourse commune entre les Commissaires-Priseurs au département de la Seine, dans laquelle sont versés :

1° Le produit des déclarations de vente ;

2° Celui des peines pécuniaires encourues par les Commissaires-Priseurs ;

3° La moitié des droits proportionnels qui leur sont alloués sur chaque vente.

Arrêté des Consu
29 Germinal, an
Ordonnance du R
18 Février 18
Article 5 de la
18 Juin 1843

I. — Le versement comprend les droits provenant de toutes les ventes faites jusqu'à la fin du bimestre, et, dans le cas où une vente n'est pas alors terminée, il se fait sur le produit de la vente à cette époque.

Tout produit de vente se compose du chiffre brut de la vente augmenté des 5 ou 10 % reçus des adjudicataires ; le total de ces deux chiffres est arrondi par dizaine.

II. — Le versement est fait par chaque Commissaire-Priseur ès-mains du trésorier, et sur son visa, à la caisse du secrétariat de la Compagnie, tous les deux mois, dans les dix premiers jours qui suivent le bimestre écoulé, c'est-à-dire du 1er au 10 inclusivement, des mois de Janvier, Mars, Mai, Juillet, Septembre et Novembre.

La caisse est ouverte à cet effet, tous les jours, de 9 heures à 4 heures, et, par exception, le dimanche, de 9 heures à 11 heures ; dans le cas où le dixième jour est un dimanche, la caisse reste ouverte jusqu'à 4 heures.

La feuille de versement du bimestre est arrêtée par le trésorier, le dixième et dernier jour, à 4 heures.

III. — Les versements doivent être effectués en billets de la Banque de France, ou en espèces ; les bons de versement sont rigoureusement refusés.

Les procès-verbaux doivent être présentés au visa avec la feuille de versement, et foliotés par première et dernière ; la récapitulation des sommes sur lesquelles est calculé le versement doit être faite en tête du procès-verbal.

Les minutes qui, pour une cause quelconque, ne pourront être représentées, seront remplacées par des feuilles volantes indiquant le motif de la non-production du procès-verbal, sa date, le nom du requérant, et le décompte du versement ; ces feuilles seront visées par le trésorier, qui n'apposera son visa définitif sur les minutes elles-mêmes que sur la représentation desdites feuilles volantes dûment en règle.

Dans le cas où un Commissaire-Priseur aurait négligé de faire son versement en bourse commune, ou omis d'y comprendre une ou plusieurs ventes, il sera tenu au paiement, pour la première fois, d'une somme de 10 francs, et, pour la seconde fois d'une somme de 25 francs par chaque procès-verbal non représenté.

Ces sommes seront versées par lui à la caisse du secrétariat de la Compagnie et figureront en bourse commune, et, à défaut de paiement, retenues sur la portion à lui revenant dans la répartition.

IV. — Lorsqu'un Commissaire-Priseur aura fait une vente, concurremment avec un autre officier ministériel, dans le département de la Seine, il rapportera en bourse commune la moitié des droits proportionnels qu'il aurait dû verser, s'il avait procédé seul ; et s'il n'est pas détenteur de la minute, produira à l'appui de son versement, pour tenir lieu de la minute, un extrait de cette dernière indiquant le produit de la vente et le montant des droits perçus en sus du prix d'adjudication applicables aux frais ; mention du versement sera faite sur cet extrait par le visa du trésorier.

V. — Le paiement de la Bourse commune se fait par le trésorier de la Compagnie, à la caisse du secrétariat, à partir du règlement du compte, c'est-à-dire à partir du lendemain du vendredi le plus rapproché du 15 des mois de Janvier, Mars, Mai, Juillet, Septembre et Novembre.

Délibération culaire du 31 C
1850.

VI. — La portion de la bourse commune courue pendant l'espace de temps qui s'écoule entre la nomination d'un Commissaire-Priseur et sa prestation de serment profite à la Compagnie, malgré toutes conventions contraires ; cette portion se calcule au prorata des jours écoulés.

Délibération Ventôse, an xi.

BULLETINS OU ÉTIQUETTES

L'emploi dans les ventes faites à l'Hôtel de bulletins ou étiquettes, dont partie doit être remise à l'acquéreur et partie aux commissionnaires desservant les salles de vente, est obligatoire pour tous les membres de la Compagnie.

Délibération Décembre 1853.

Il ne peut être fait usage pour le service des salles de vente que des bulletins ou étiquettes fournis par l'administration de l'Hôtel.

Délibération Octobre 1856.

Ces étiquettes, de couleur différente pour chaque salle, sont à talon, et portent un numéro correspondant sur le talon et sur le corps du bulletin.

Chacune de ces étiquettes doit contenir inscrits lisiblement : le nom de l'acquéreur, la désignation de l'objet adjugé et le prix de l'adjudication.

Délibération Octobre 1857.

Au moment de l'adjudication, le Commissaire-Priseur remet le corps de l'étiquette contenant les indications ci-dessus au commissionnaire de service, qui l'attache immédiatement sur l'objet adjugé.

Délibération Août 1844.

L'adjudicataire reçoit le talon correspondant de cette étiquette qu'il doit représenter pour se faire livrer l'objet adjugé.

Les commissionnaires chargés de la livraison ne doivent jamais délivrer, même à des personnes connues, aucun objet sans se faire remettre le talon de l'étiquette.

Cette disposition étant prise dans un but d'intérêt général, d'ordre intérieur et de bonne administration, et pour éviter toute erreur dans les livraisons, doit être rigoureusement exécutée.

CATALOGUES

Tout catalogue de vente à effectuer, soit à l'Hôtel des ventes, soit en ville, doit être déposé au secrétariat, au plus tard le troisième jour précédant le premier jour de vente ou d'exposition, s'il y en a une, avant une heure précise, pour être soumis au visa du membre de la Chambre de service.

Il doit être déposé :

Au nombre de sept exemplaires, s'il s'agit d'un catalogue de dessins, gravures, livres ou médailles ;

Et de trois exemplaires seulement, s'il s'agit d'un catalogue ne comportant pas d'objets de cette nature.

L'un des exemplaires déposés devra toujours être certifié exact et signé par le Commissaire-Priseur.

Le dépôt est constaté par un registre sur lequel est inscrite, jour par jour, la remise desdits catalogues. Ce registre est signé par la personne qui fait le dépôt.

Les catalogues déposés au secrétariat sont transmis à qui de droit par les soins de l'agent supérieur de la Compagnie; ils sont destinés :

1° Aux Archives de la Compagnie ;

2° Au Secrétariat de la Chambre ;

Lettre du Procureur la République des Janvier et 23 Octobre 1852; Délibérations des 29 octobre 1852 ; 16 Janer 1857 et 4 Mars 59; et circulaires de Chambre des 19 Octobre 1860 et 23 Nombre 1863.

3° Au Parquet de M. le Procureur de la République ;

4° A la Bibliothèque nationale ;

5° A la Bibliothèque de l'Arsenal ;

6° Aux Archives nationales ;

7° Au Ministère de la Marine et des Colonies.

Dans le cas où les ventes de livres, estampes ou autographes ne nécessiteraient pas de catalogues, le Parquet doit néanmoins en être avisé par une lettre énonçant sommairement la nature des objets à vendre.

Ces lettres doivent être remises au secrétariat, et sont par lui transmises au Parquet, dans les délais ci-dessus indiqués pour les catalogues.

Quand une salle aura été retenue à l'Hôtel des ventes, en dehors des délais réglementaires de dix ou de quinze jours, pour une vente *avec catalogue*, le défaut de dépôt du catalogue, son dépôt tardif ou son insuffisance entraînent les conséquences prévues au règlement relatif à la location des salles. (*Voir page 58 ci-après*).

Règlement relatif à
location des salle[s]

CHAMBRE

Règlement des Ventes dites de la Chambre

Les ventes d'objets envoyés à l'Hôtel de la Compagnie, sans désignation spéciale de Commissaire-Priseur, sont faites, à tour de rôle, par chacun des membres de la Compagnie, en suivant l'ordre du tableau.

Délibération du 2 [dé]-
cembre 1853

Le Commissaire-Priseur chargé de cette vente reçoit, pour tous honoraires, 1 $\frac{1}{2}$ pour 100 du produit total de la vente, sans que ces honoraires puissent être moindres de 12 francs.

Délibération du
Avril 1869.

Il y a, pour chaque vente, un procès-verbal séparé, dont la minute restera au Commissaire-Priseur vendeur, et figurera, comme celles des ventes ordinaires, sur la feuille de versement en Bourse commune de ce dernier; le versement des droits auxquels donnera lieu chaque vente de Chambre sera opéré par le caissier de la Compagnie au nom du Commissaire-Priseur vendeur.

La réception des objets à vendre, le service de la vente, la publicité, les déclarations préalables, la présentation du procès-verbal à l'enregistrement, le décompte et le paiemeut du prix des objets vendus sont faits par les agents de la Compagnie.

Toutefois, le Commissaire-Priseur chargé du service doit prendre connaissance avant la vente du rangement et du classement des objets.

La vente commencera à une heure précise.

Il sera fait, chaque mois, une liste des membres chargés des ventes de la Chambre, conformément à leur ordre d'inscription au tableau.

Chaque Commissaire-Priseur sera averti par l'agent de la Compagnie, avant le commencemcnt du mois, du jour où il aura à procéder à la vente.

S'il arrivait que la vente ne pût avoir lieu au jour indiqué, l'ordre de service ne serait point changé; seulement, le Commissaire-Priseur qui n'aurait pas vendu serait replacé au bimestre suivant, en tête de la liste de service, sans pour cela, perdre son rang dans le classement général par ordre du tableau.

Le Commissaire-Priseur désigné sur la liste, pourra toujours céder ou échanger son tour de vente avec un confrère ou se faire substituer, comme pour toute vente ordinaire.

Il pourra même renoncer à la vente, et y rester complétement étranger, mais il devra alors prévenir l'agent de la Compagnie, par lettre remise au secrétariat, au plus tard, la veille de la vente, avant midi.

Dans ce cas, l'agent de la Compagnie fera les démarehes nécessaires pour qu'un autre Commissaire-Priseur se charge de la vente.

Toute vente de Chambre qui comporterait plusieurs vacations ne donnera lieu qu'à un seul procès-verbal : le Commis-

saire-Priseur qui aura commencé la vente la continuera
pendant le nombre de jours qu'elle comportera, mais il
aura toujours la faculté de s'y faire remplacer par un de ses
confrères.

Lorsque la vente de la Chambre ne pourra avoir lieu, ou
sera entravée, par le fait du Commissaire-Priseur, soit parce
que celui-ci n'aura pas fait, ou aura fait tardivement la déclaration qu'il entend se décharger du service, soit parce que le
remplaçant ou le substituant ne se sera pas présenté en temps
utile, le Commissaire-Priseur chargé primitivement perdra son
tour de service.

Chacun des membres de la Compagnie pourra, après avoir
prévenu la veille l'employé chargé du service des ventes de
Chambre, faire comprendre dans la vente de la Chambre des
objets mobiliers vendus volontairement ou judiciairement, sur
procès-verbal en son nom. Ce procès-verbal devra être déposé au
secrétariat de l'Hôtel le jour de la vente, avant midi au plus
tard.

Il sera perçu, sur ces ventes ainsi constatées par procès-
verbaux particuliers, trois pour cent de leur produit, pour tous
frais, sans préjudice du droit de location applicable spécialement aux ventes par autorité de justice (*Voir Tarif des locations
des salles, page 61 ci-après*).

Le Commissaire-Priseur chargé de la vente de la Chambre
aura droit sur ce même produit à l'honoraire de un et demi
pour cent ci-dessus établi; cet honoraire sera prélevé sur les
droits perçus par la Chambre.

Le Commissaire-Priseur qui, après avoir prévenu la veille l'employé chargé de ce service, aura indiqué une vente, pour être
jointe, sur procès-verbal séparé, à celle de la Chambre, aura
le droit de requérir les agents qui en sont chargés, pour y
procéder, lors même que la vente de Chambre n'aurait pas lieu,
et ce à la seule condition ci-dessus indiquée de la perception
de 3 pour 100 sur le produit de la vente; l'excédant des
frais, s'il y en a, devant être supporté par le compte des ventes
de Chambre. Délibération du 5 Se
tembre 1862.

Les crieurs de la Compagnie font à tour de rôle le service Délibération du 6 Se
tembre 1861
des ventes de Chambre.

En conséquence, la Société des crieurs présente à l'agrément
de la Chambre un service tournaire par semaine : ce service

Art. 3.

Il est alloué aux Clercs, par chaque vacation, pour la déclaration, la rédaction, la tenue, la régularisation et l'enregistrement des procès-verbaux, quel qu'en soit le nombre :

    5 fr. jusqu'à 1,000 fr.
    6 fr.   —   3,000 fr.
    8 fr.   —   6,000 fr.
  10 fr. au-dessus de 6,000 fr.

Art 4.

Il est alloué une rémunération annuelle de 300 fr. payable par bimestre, à tout clerc titulaire faisant partie de la Société, pourvu toutefois qu'aucune plainte n'ait été portée contre lui.

N'auront pas droit à cette rémunération les clercs qui seront attachés spécialement à l'étude d'un Commissaire-Priseur, et ne pourront satisfaire aux obligations du présent Règlement.

Il est alloué à chacun des surnuméraires, à titre de gratification, une somme annuelle de 150 fr. payable par bimestre.

Art. 5.

Tout clerc qui ne sera pas occupé pour le service d'un Commissaire-Priseur, sera tenu de se trouver à midi à l'Hôtel, et d'y rester, à la disposition des membres de la Compagnie, dans le local qui sera assigné à la Société, jusqu'à 5 heures; il signera une feuille de présence, qui sera arrêtée par l'agent supérieur de la Compagnie et remise au membre de service d'inspection.

Les clercs qui seront de service devront constater, sur un registre tenu à cet effet, la nature de leurs occupations.

Toute occupation étrangère au service de la Compagnie ne sera pas considérée comme un empêchement légitime.

Tout Commissaire-Priseur a le droit de retenir, par inscrip- Délibération d Avril 1864
tion sur le registre de la Société, un clerc titulaire ou surnuméraire à son choix pour une opération déterminée, et ce clerc ne
peut transmettre cette opération à un Collègue, sans l'autorisation du Commissaire-Priseur qui l'a retenu.

Art. 6.

Toute infraction au présent règlement est soumise à l'appréciation de la Chambre.

Art. 7.

Les plaintes à formuler contre un clerc seront adressées à M. le
Syndic de la Chambre.

Art. 8.

La Société des clercs devra, tous les ans, dans la première
quinzaine de décembre, présenter à la Chambre une liste de
trois candidats, parmi lesquels la Chambre choisira un président, dont la mission sera de veiller à l'exécution du présent
Règlement, et de présider les réunions des clercs.

La Société devra, en outre, faire choix d'un secrétaire et d'un
trésorier; ce choix lui appartiendra exclusivement.

Les membres du bureau de la Société se réunissent le premier mercredi de chaque mois, à 8 heures du soir.

Les Assemblées générales de la Société ont lieu le premier
Mercredi des mois de Janvier, Février, Avril, Juillet et Octobre,
à la même heure.

Art. 9.

Lorsqu'un des membre de la Société des Clercs désire Délibération d Mars 1876.
s'absenter pendant plus de trois jours, il doit en demander
l'autorisation par lettre adressée à M. le Président de la
Société.

Les Commissaires-Priseurs chargés des ventes de casuel paieront, outre leur versement en Bourse commune, à effectuer de la manière ordinaire :

1° Un franc par cheval, tête de gros bétail ou voiture mis en adjudication, comme représentation du droit de location et des frais d'éclairage et chauffage du pavillon;

2° Le salaire des clercs, crieurs et trotteurs, fixé ainsi qu'il suit :

Au clerc :

Par chaque vacation au-dessous de 300 francs. .   8 francs.
—   —   de 300 à 600   — . . 10   —
—   —   au-dessus de 600 — . . 12   —

Au crieur, faisant en même temps fonction de sonneur :

Par chaque vacation au-dessous de 300 francs. .   6 francs.
—   —   de 300 à 600   — . .   8   —
—   —   au-dessus de 600 — . . 10   —

Aux trotteurs, 1 franc par cheval ou tête de gros bétail, et 50 centimes par voiture.

3° Tous les autres frais inhérents à la vente, timbre, déclaration, enregistrement, etc.

Les Commissaires-Priseurs chargés des ventes de casuel ayant droit à l'honoraire entier des ventes par eux faites en ont toute la responsabilité.

Le service de ces ventes étant un service d'ordre public, ils doivent se rendre au Marché aux Chevaux, tous les jours de marché, pendant le temps de leur service. Dans le cas où ils seraient empêchés, ils pourvoiront eux-mêmes, et à leurs frais, à leur remplacement.

Le compte de chaque vente est réglé au Marché aux Chevaux, soit à l'issue de la vacation même, soit à la vacation suivante.

Le droit de location du pavilllon, ainsi qu'il a été fixé ci-dessus, se perçoit, lors du versement en Bourse commune, de la même manière qu'est perçu le droit de location pour les ventes par autorité de justice faites à l'Hôtel.

CLERCS

Règlement de la Société des Clercs aux Ventes mobilières

ARTICLE PREMIER

Il existe une Société de clercs chargés du service des ventes de la Compagnie des Commissaires-Priseurs ; ils doivent être tous en état de rédiger et de tenir un procès-verbal de vente. Délibérations de Chambre des 30 Décembre 1858, 30 Septembre 1859 et 30 Septembre 1864.

Cette Société se compose d'au moins quinze clercs titulaires et quatre clercs surnuméraires.

Les clercs attachés spécialement à l'étude d'un Commissaire-Priseur, tout en continuant à faire partie de la Société des clercs, ne sont pas compris dans le nombre ci-dessus fixé.

A la Chambre seule appartient le droit d'admettre les candidats qui lui sont présentés par la Société des clercs.

ART. 2.

Tout clerc titulaire doit déposer, à titre de cautionnement, entre les mains du Trésorier de la Compagnie, une somme de mille francs, dont les intérêts lui sont payés, à raison de 5 %. par an, par la Compagnie.

Aucun candidat ne pourra être admis sans avoir rempli cette formalité. Il est délivré aux candidats admis par la Chambre, après le versement opéré par eux du cautionnement dont il vient d'être parlé, une commission signée par le Président et le Secrétaire.

est obligatoire pour le crieur désigné sur la feuille ; il ne peut se faire remplacer, sous aucun prétexte, même pour le service d'un de ses patrons, ni pour une vente commencée.

CHEVAUX

Les chevaux, bestiaux et autres animaux vivants (à l'exception des volatiles (*Voir page 61*) dont la vente doit avoir lieu à l'Hôtel, ne peuvent être vendus que dans la cour.

Pour le Tarif et les conditions de la vente, Voir le Tarif de location des salles, page 59 ci-après).

Toute vente de chevaux faite, soit à l'Hôtel, soit en ville, doit être précédée d'une déclaration à la Préfecture de police, 4ᵉ bureau, 2ᵉ division.

Règlement pour les Ventes faites sur le Marché aux Chevaux

§ 1ᵉʳ. — MESURES GÉNÉRALES

rdonnance du Pré-
.e police.Circulaire
20 Février 1866.

Les ventes aux enchères ne peuvent avoir lieu sur le Marché aux chevaux en dehors des heures suivantes :

De midi à 4 heures, en janvier, février, novembre et décembre ;

De 2 heures à 6 heures, en mars, avril, septembre et octobre ;

De 3 heures à 7 heures, en mai, juin, juillet et août.

élibérations des 11
mbre 1868 et 4
mbre 1874.

La Compagnie des Commissaires-Priseurs étant locataire de l'un des pavillons situés au Marché aux Chevaux, sur l'emplacement réservé aux ventes aux enchères, le règlement de ces ventes est établi ainsi qu'il suit :

Tout Commissaire-Priseur a le droit d'entrer dans le pavillon pour y procéder aux ventes dont il aura été chargé personnellement à l'avance.

Il paiera, comme droit de location du dit pavillon, *qu'il s'en serve ou non*, 1 franc par cheval, tête de gros bétail ou voiture mis en adjudication.

Les charrettes à bras ou autres objets ne donneront lieu à la perception d'aucun droit.

Les Commissaires-Priseurs chargés des dites ventes devront faire en sorte qu'elles soient terminées, au plus tard, en été à 4 heures, et, en hiver, à 3 heures, afin de laisser le pavillon et la piste libres pour les ventes dites de casuel dont il va être parlé :

§ 2. — Ventes dites de Casuel

Tous les ans il est fait par la Chambre un appel aux membres de la Compagnie qui veulent se charger des ventes de casuel ; les demandes d'inscription doivent être adressées à la Chambre, avant le 15 Décembre de chaque année, et la Chambre procède, dans la dernière quinzaine de Décembre, à un tirage au sort, pour répartir entre les demandeurs le service de l'année suivante, de manière à ce que chacun des membres désignés soit chargé du service *pendant quatre mois au moins, et ce dans l'ordre du tirage au sort.*

Ces ventes étant considérées comme service public, le clerc et le crieur qui y sont employés sont désignés par la Chambre.

Enfin le tarif de ces ventes devant être uniforme, les Commissaires-Priseurs percevront, pour tous frais et honoraires des dites ventes, savoir :

Des acquéreurs, 10 % du produit de la vente ;

Des vendeurs :

Par lot vendu au-dessous de 20 francs........ 1 franc.
   —   —   de 20 fr. à 40 — .... 2 —
   —   —   de 41 — à 60 — .... 3 —
   —   —   de 61 — à 100 — .... 4 —
   —   —   au-dessus de 100 — .... 5 —

Ce Tarif est affiché dans l'intérieur du pavillon.

Celui-ci vise cette demande, et déclare s'il s'oppose ou non à ce qu'elle soit admise.

Il la remet ensuite à l'agent supérieur de la Compagnie, pour être soumise au Syndic de la chambre, qui accorde ou refuse le congé demandé.

Pour toute absence n'excédant pas trois jours, il suffit de l'autorisation de M. le Président de la Société, à charge par lui d'en aviser l'agent supérieur de la Compagnie.

Clercs ne faisant pas partie de la Société.

Délibération du 8 Mars 1861.

Tout clerc attaché à l'étude d'un Commissaire-Priseur, et ne faisant pas partie de la Société dont il vient d'être parlé, devra se faire inscrire au secrétariat, dans les dix jours qui suivront son entrée en fonctions. La demande d'inscription, accompagnée d'un certificat du Commissaire-Priseur à l'étude duquel le Clerc est attaché, sera visée par le syndic de la Chambre. Aucun clerc ne sera admis dans les salles de vente et dans les bureaux de l'Hôtel, qu'après l'accomplissement de cette formalité.

COMPTE DE VENTE PAR AUTORITÉ DE JUSTICE

Délais à observer

Délibération du 20 Août 1835.
Lettre du Président du Tribunal civil du Septembre 1843.

Dans toute vente par autorité de justice, quand bien même il n'aurait pas été formé d'opposition entre les mains du Commissaire-Priseur, ce dernier ne pourra rendre son compte que trois jours francs après ladite vente, sauf à lui à en référer au Président du Tribunal, dans le cas où il serait sommé de rendre son compte avant ce délai.

CONCUSSION

Toutes perceptions directes ou indirectes, autres que celles Loi du 20 Juin
art. 3.
autorisées par la loi sur le tarif, à quelque titre, et sous quelque
dénomination qu'elles aient lieu, sont formellement interdites.

En cas de contravention, l'officier public pourra être suspendu
ou destitué, sans préjudice de l'action en répétition de la partie
lésée, et des peines prononcées par la loi contre la concussion.

CONSIGNATION

Dans le cas où le produit d'une vente est frappé d'oppositions, Art. 656 et n5
Code de procé
Ordonnance roya!
3 Juillet 1816, ar
et faute par la partie saisie et les créanciers de s'entendre,
dans le délai ci-après fixé, sur la distribution amiable, le
Commissaire-Priseur détenteur des deniers est tenu de verser
le produit de la vente à la Caisse des dépôts et consignations, à
la charge de toutes les oppositions formées entre ses mains.

Le dépôt à la caisse doit être effectué dans la huitaine à
compter de l'expiration du mois accordé aux créanciers par
l'art. 656 du Code de procédure civile, pour procéder à une
distribution amiable.

Ce délai d'un mois court à compter du jour de la dernière
séance du procès-verbal de vente.

Le dépôt comprend le produit de la vente, déduction faite des
frais de vente, d'après la taxe qui aura été faite par le juge sur
la minute du procès-verbal; il sera fait mention de cette taxe
dans les expéditions.

Lors des versements effectués à la Caisse des consignations, Délibération d
Chambre du 13
let 1860.
Lettre du Pa
du 21 Mai 1853.
les Commissaires-Priseurs ne doivent retenir que les frais de
vente et de poursuites, judiciairement taxés et les Contributions:

ils ne doivent faire aucun autre paiement, tel que frais de notaires, greffiers, et même loyers dus aux propriétaires, sous peine d'être obligés à des restitutions.

Ordonnance du 3 Juillet 1816, art. 10.

Tout Commissaire-Priseur qui aurait contrevenu aux dispositions de l'ordonnance du 3 juillet 1816, en conservant des sommes de nature à être versées à la Caisse des consignations, pourrait être passible de la révocation, sans préjudice des peines portées par les lois.

Délibération de la Chambre du 27 Avril 1857.

Toutes les fois que, par suite d'oppositions survenues sur le produit d'une vente par autorité de justice, faite sur un commerçant, ou sa succession, le Commissaire-Priseur sera dans la nécessité d'en opérer le dépôt à la Caisse des consignations, la Chambre invite les membres de la Compagnie à donner avis de ce dépôt à M. le Président du Tribunal de commerce, par une déclaration faite au secrétariat de l'Hôtel des ventes, autant que possible, huit jours avant le dépôt.

Cette déclaration devra contenir :

1° La date de la vente ;

2° Les nom et domicile de la partie saisie ;

3° Le produit de la vente ;

4° Le montant des oppositions ;

5° Et la somme qu'il y aurait lieu de déposer.

CONTRIBUTIONS

Art. 2098 du Code civil et loi du 12 Novembre 1808.

Le privilége du Trésor public pour le recouvrement des contributions directes est réglé ainsi qu'il suit, et s'exerce avant tout autre :

1° Pour la contribution foncière de l'année échue et de l'année courante, sur les récoltes, fruits, loyers et revenus des biens immeubles sujets à la contribution ;

2° Pour l'année échue et l'année courante des contributions mobilières, des portes et fenêtres, des patentes, et de toute autre contribution directe et personnelle, *sur tous les meubles et effets mobiliers appartenant aux redevables, en quelque lieu qu'ils se trouvent.*

Tous fermiers, locataires, receveurs, économes, notaires, *Commissaires-Priseurs* et autres dépositaires et débiteurs de deniers provenant du chef des redevables, et affectés au privilége du Trésor public, seront tenus, sur la demande qui leur en sera faite, de payer, en l'acquit des redevables, et sur le montant des fonds qu'ils doivent, ou qui sont entre leurs mains, jusqu'à concurrence de tout ou partie des contributions dues par ces derniers. Les quittances des percepteurs pour les sommes légitimement dues leur seront allouées en compte.

Les Commissaires-Priseurs ne doivent, *sous leur responsabilité,* remettre aux ayant-droit les sommes qui sont entre leurs mains, que sur la justification du paiement des contributions dues par les personnes du chef desquelles les dites sommes sont provenues ; ils sont même autorisés à payer directement les contributions qui se trouveraient dues, avant de procéder à la délivrance des deniers, et les quittances des dites contributions leur sont passées en compte. (*Lois des 5-18 Août 1791 ; 12 Novembre 1808 ; 18 Juin 1843, art. Iᵉʳ.*)

En cas de vente volontaire ou forcée, les contributions personnelle et mobilière et la taxe des patentes sont immédiatement exigibles pour la totalité de l'année courante.

Lorsqu'un Commissaire-Priseur offrira de verser entre les mains d'un percepteur une somme insuffisante pour solder une taxe ouverte sur les rôles, il est enjoint audit receveur de surseoir à l'encaissement, et de demander une note détaillée des frais privilégiés ; il doit ensuite adresser cette note à la Préfecture de la Seine, et ne peut accepter l'à-compte que lorsqu'elle lui a été retournée avec un visa constatant que tout ou partie des frais doit, en effet, primer le privilége du Trésor.

Dans le cas d'un certificat d'insuffisance ayant pour objet d'établir que les frais auraient absorbé le produit de la vente, les percepteurs doivent également demander un état détaillé de ces frais, et l'envoyer au visa de la Préfecture, afin de s'assurer si les intérêts du Trésor sont bien sauvegardés.

Arrêté de M. le [Pré]fet de la Seine d[u] Décembre 1859 exécution de la [loi de] finances du 25 1817 et de cell[e du] 15 Mai 1818, app[rouvé] par le Ministre [des] Finances, art. 16

Instruction du [re]ceveur central de[s fi]nances du 24 1858. — Lettre [du] Préfet à la Cha[mbre] des 17 Mai 1858 Mai 1859. — Déli[béra]tion du 3 Juin 18

Ne sont admis comme frais primant le privilége du Trésor, en dehors des frais de vente proprement dits, que ceux de commandement, saisie, garde, affiches et autres nécessaires pour arriver à la conversion de la chose saisie en argent, en un mot les frais d'exécution qu'auraient pu entraîner seulement les poursuites du percepteur.

COSTUME

Arrêté des Consuls 29 Germinal, an IX. Règlement homologé de la Compagnie. Délibération du 15 tobre 1835.

Tout Commissaire-Priseur, dans l'exercice de ses fonctions, doit rigoureusement être revêtu d'un costume noir.

Le costume noir complet et l'habit sont de rigueur pour les assemblées générales, les funérailles de confrères, et toute réunion de corps.

Dans toutes assemblées générales de la Compagnie, soit pour élections, soit pour investitures, ou autres convoquées extraordinairement, tout Commissaire-Priseur qui ne sera pas en costume noir et en habit sera privé de son droit de présence.

COUP DE MARTEAU. — FORMULE D'ADJUDICATION

Délibération du 13 in 1856.

Dans les ventes, aucun Commissaire-Priseur, lorsque l'enchère sera éteinte, ne pourra se dispenser de prononcer le mot sacramentel : Adjugé. En conséquence, toute enchère portée avant la prononciation de ce mot pourra encore être reçue, quand même le Commissaire-Priseur aurait frappé le coup de marteau.

COURTIERS DE COMMERCE

(*Voir page* 75 : VENTES, *Législation relative aux Ventes faites en vertu des lois des* 3 *Juillet* 1861 *et* 23 *Mai* 1863.

CRIEURS

Règlement de la Société des Crieurs aux ventes mobilières.

ARTICLE PREMIER.

Il existe une Société de Crieurs chargés du service des ventes aux enchères, qui doivent être constamment à la disposition des membres de la Compagnie des Commissaires-Priseurs, pour les opérations de ventes et d'arrangements.

Délibération d Décombre 1836.

Cette Société se compose d'au moins 22 Crieurs titulaires et 4 surnuméraires.

Délibération d Décembre 1861.

A la Chambre seule appartient le droit d'admettre les candidats qui lui sont présentés par la Société des Crieurs.

Il est délivré aux candidats admis par la Chambre, après le versement opéré par eux du cautionnement dont il sera ci-après parlé, une commission signée par le Président et le Secrétaire.

Art. 2.

Tout Crieur titulaire doit déposer, à titre de cautionnement, entre les mains du Trésorier de la Compagnie, une somme de 1,000 fr. dont les intérêts lui sont payés, à raison de 5 pour 100 par an, par la Compagnie.

Art. 3.

Il est alloué aux Crieurs, par chaque vacation de vente, 1 pour 100 du produit, jusqu'à 600 fr., sans que cette allocation puisse être inférieure à 3 fr.

> Délibération du 6 Sep-
> tembre 1861.

6 fr. de 600 fr. à 1,000 fr.

8 fr. de 1,000 fr. à 3,000 fr.

Le tout, quel que soit le nombre des procès-verbaux tenus dans la vacation, et y compris l'arrangement obligatoire par le Crieur.

Toutefois, lorsque la vente n'aura pas nécessité d'arrangement préalable, l'allocation ci-dessus sera réduite à 5 fr. de 500 fr. à 1,000 fr. et à 6 fr. de 1,000 à 3,000 fr.

Dans toute vacation dont le produit excédera 3,000 fr., il sera alloué au crieur 8 fr., plus 5 fr. pour l'arrangement s'il y a procédé seul.

Art. 4.

> Délibération du 22
> …mbre 1861.

Il est alloué à la Société des Crieurs une subvention annuelle de 2,000 fr. payable par bimestre.

Art. 5.

Tout crieur qui ne sera pas occupé pour le service d'un Commissaire-Priseur sera tenu de se trouver à midi précis à l'Hôtel et d'y rester jusqu'à 5 heures, à la disposition des membres de la Compagnie, dans le local qui sera assigné à la Société ; il signera une feuille de présence, qui sera arrêtée par l'agent supérieur de la Compagnie et remise au membre de service d'inspection.

Toute occupation étrangère au service de la Compagnie ne sera pas considérée comme un empêchement suffisant.

Tout Commissaire-Priseur a le droit de retenir, par inscription sur le registre de la Société, un crieur titulaire ou surnuméraire, à son choix, pour une opération déterminée, et ce dernier ne peut transmettre cette opération à un collègue sans l'autorisation du Commissaire-Priseur qui l'a retenu. ^{Délibération du Avril 1864.}

Les crieurs de la Compagnie font, à tour de rôle, le service des ventes de Chambre. ^{Délibération d Septembre 1861.}

En conséquence, la Société des Crieurs présente à l'agrément de la Chambre un service tournaire par semaine ; ce service est obligatoire pour le crieur désigné sur la feuille ; il ne peut se faire remplacer sous aucun prétexte, même pour le service d'un de ses patrons, ni pour une vente commencée.

Art. 6.

Toute infraction au présent Règlement est soumise à l'appréciation de la Chambre.

Art. 7.

Les plaintes à formuler contre un crieur seront adressées à M. le Syndic de la Chambre.

Art. 8.

La Chambre prononcera contre les crieurs, suivant les circonstances, la suspension pendant un temps déterminé ; après deux suspensions, la révocation sera prononcée.

Art. 9.

Toute participation de la part des crieurs aux reventes ou révisions des objets adjugés dans les ventes leur est formellement interdite, à peine de révocation immédiate.

Art. 10.

La Société des Crieurs devra, tous les ans, dans la première quinzaine de Décembre, présenter à la Chambre une liste de trois candidats, parmi lesquels la Chambre choisira un président, dont la mission sera de veiller à l'exécution du présent Règlement et de présider la réunion des crieurs.

La Société devra, en outre, faire choix d'un secrétaire et d'un trésorier; ce choix lui appartiendra exclusivement.

Les membres de la Société se réunissent tous les derniers mardis de chaque mois, en l'Hôtel, à 8 heures du soir.

Art. 11.

Délibération du 10 Mars 1876.

Lorsqu'un des membres de la Société des Crieurs désire s'absenter pendant plus de trois jours, il doit en demander l'autorisation par lettre adressée à M. le Président de cette Société.

Celui-ci vise cette demande et déclare s'il s'oppose ou non à ce qu'elle soit admise.

Il la remet ensuite à l'agent supérieur de la Compagnie, pour être soumise au Syndic de la Chambre, qui accorde ou refuse le congé demandé.

Pour toute absence n'excédant pas trois jours, il suffit de l'autorisation de M. le Président de la Société, à charge par lui d'en aviser l'agent supérieur de la Compagnie.

DÉCLARATIONS PRÉALABLES AUX VENTES

Tout Commissaire-Priseur est tenu de faire déclaration de toutes les ventes dont il est chargé, savoir :

Au bureau de l'Enregistrement, avant le commencement de la vente ;

Et au secrétariat de la Chambre, 24 heures au moins avant le commencement des dites ventes.

Pour les ventes faites en dehors de Paris, dans le département de la Seine, la déclaration doit être faite au bureau d'enregistrement du canton dans lequel a lieu la vente.

Ces déclarations doivent contenir :

L'indication des jour, lieu et heure où commencera la vente;
Les nom et domicile du requérant et ceux de la personne propriétaire des meubles vendus.

Elles doivent être signées du Commissaire-Priseur ; la déclaration à l'enregistrement peut se faire par mandataire muni d'un pouvoir sous seing privé sur timbre, mais dispensé de l'enregistrement.

Tout Commissaire-Priseur qui négligera de faire ces déclarations sera passible d'une amende de 20 fr. en principal, pour celle à faire à l'enregistrement.

Pour celle à faire à la Chambre, il paiera, en cas d'omission, 3 fr. pour la première fois, 10 fr. pour la seconde et 25 fr. pour la troisième ; ces sommes entreront dans la Bourse commune et seront, à cet effet, versées entre les mains du trésorier, lors du rapport, sinon retenues sur les contrevenants lors de la répartition.

Les déclarations à faire à la Chambre sont reçues moyennant 1 fr., qui entre en bourse commune et est perçu lors du rapport.

Tout Commissaire-Priseur est tenu de faire parvenir au secrétariat de la Chambre, dans le cours et avant l'expiration de chaque bimestre, déclaration signée de lui de toutes les ventes qui, ayant fait l'objet d'une déclaration préalable, n'ont cependant pas eu lieu ; à défaut de cette contre-déclaration, les droits de déclaration (1 fr.) seront perçus, lors du rapport, en Bourse commune, comme si lesdites ventes avaient eu lieu.

Il n'est perçu qu'un droit de déclaration sur l'ensemble des procès-verbaux de réunion qui, pendant un même bimestre, seraient faits à la requête d'une même personne agissant, soit en son nom personnel, soit comme mandataire ou simplement comme chargée de pouvoirs de divers vendeurs dénommés aux dits procès-verbaux, encore bien que ces vendeurs soient différents dans ces procès-verbaux.

Lorsque des ventes seront suspendues sans indication du jour de leur reprise, ou lorsque la suspension durera plus de dix jours, ou, quel que soit le délai, lorsqu'une vente, commencée dans un bimestre, sera continuée dans le suivant, ou enfin lorsqu'il y aura mutation de lieu, les Commissaires-Priseurs qui y procéderont seront tenus d'en faire de nouveau la déclaration au secrétariat de la Chambre.

Ces sortes de déclarations seront gratuites; en cas d'omission, les contrevenants seront passibles des amendes ci-dessus indiquées pour défaut de déclaration.

Lorsqu'un Commissaire-Priseur concourra avec un autre officier ministériel à une vente aux enchères, dans le département de la Seine et hors Paris, il devra, lors même que la minute ne lui resterait pas, faire précéder cette vente d'une déclaration au secrétariat de la Chambre, faite dans les formes ordinaires, et à peine d'amende.

Délibération du 27 Août 1852.

Délibération du 1er Avril 1864.

Délibération du 10 Mai 1850.

⌁⌁⌁

DÉCLARATIONS SPÉCIALES A CERTAINES VENTES

Tout Commissaire-Priseur est tenu de faire, indépendamment des deux déclarations dont il vient d'être parlé, les déclarations préalables suivantes, lorsqu'il s'agit de ventes, savoir :

1° Après séparation de biens (et conséquemment après séparation de corps), trois jours avant la vente, à la Chambre, en la

Délibération du 25 Thermidor, an IX. — Règlement homologué.

personne de son président, qui délègue un des membres de la Chambre pour y assister;

2° De caractères et ustensiles d'imprimerie, presses typographiques et lithographiques, trois jours au moins avant la vente, à la préfecture de police et au ministère de l'intérieur, bureau de la librairie ;

3° De laminoirs, moutons, presses, balanciers et découpoirs, à la préfecture de police, 4° bureau, 2° division ;

4° De voitures de place, à la préfecture de police, 4° bureau, 2° division ;

5° De chevaux, quarante-huit heures avant la vente, à la préfecture de police, mêmes bureau et division ;

6° De marchandises déposées dans l'intérieur des docks, à M. le Directeur des docks, 24 heures au moins à l'avance, avec obligation de déposer, le matin de la vente, avant 9 heures, le dossier de procédure, au bureau du contentieux de l'administration ;

7° De cigares et tabacs, au bureau central des Contributions indirectes ;

8° De matières d'or et d'argent, quand les objets ne sont pas contrôlés avant la vente, au bureau de garantie de la Monnaie ;

9° De livres, au ministère de l'intérieur, bureau de la librairie (Voir ci-dessus au mot *Catalogue*).

10° De substances chimiques et de pharmacie, à la préfecture de police, deux jours avant la vente ; en outre, le Commissaire-Priseur doit en faire faire la vérification par un homme de l'art, porteur de son diplôme, et il ne peut les adjuger qu'à des personnes également porteurs de leurs diplômes et dont les noms, *qualités* et demeures doivent être inscrits au procès-verbal de la vente.

Vases sacrés. — Lorsqu'il y a lieu de comprendre dans une vente des vases sacrés, il existe un usage qui doit être religieusement respecté ; cet usage consiste à prévenir les ministres des cultes, qui, ordinairement, procèdent à la déconsécration.

Lettre de M. le ... fet de police du ... Avril 1837.

Lettre de M. le ... cureur de la Répu... que du 5 Décem... 1848.

Ordonnance du ... Juillet 1808-

Délibération du ... Août 1824.
Lettre du Préfet ... police du 13 Jui... 1868.
Délibération du ... Juin 1858.

Ordonnance des ... Vendémiaire an IX ... 25 Juillet 1809.

Délibération du ... Novembre 1828.
Lettre du Direct... des Contributions directes du 13 A... 1842.

Lettre du Procur... de la République 27 Décembre 1848.

Lettres du Préfet ... police du 5 Mars 18... et du 24 Décem... 1830. — Délibérat... du 13 Janvier 1831.

Circulaire du ... Avril 1824.

DÉCLARATIONS POSTÉRIEURES AUX VENTES

Délibération du 1er
Avril 1864.

Tout Commissaire-Priseur ayant procédé à des ventes après faillite doit, dans les dix jours qui suivent le mois pendant lequel elles ont été effectuées, déposer au secrétariat de la Chambre un état contenant : 1° le nom du Syndic; 2° le nom du failli; 3° le produit de la vente; 4° et le nom du Commissaire-Priseur.

Délibération du 21
Avril 1877.

Dans le cas où un Syndic est appelé à recevoir le compte d'une vente faite par suite de saisie-exécution, il y a lieu de mentionner, en suite de l'état mensuel dont il vient d'être parlé, et sous un deuxième paragraphe : 1° la date de la vente ; 2° les nom et domicile de la partie saisie; 3° le nom du Syndic qui a reçu le compte, ou seulement donné décharge; 4° la date de cet arrêté de compte; 5° la somme versée.

Ces états sont transmis par les soins du secrétariat de la Chambre au Tribunal de commerce.

ENCHÈRES

I. — Mode des Enchères.

Délibération du 17
Février 1865.

Les ventes volontaires aux enchères ne peuvent avoir lieu qu'à l'aide des deux modes suivants :

1° Sur mises à prix fixes;

2° Sur mises à prix successivement réduites jusqu'à ce qu'il y ait preneur.

Dans le premier cas, les objets mis en vente pourront toujours être retirés faute d'enchères;

Dans le second cas, ils devront toujours subir les enchères et être adjugés au dernier enchérisseur.

II. — Enchère décroissante.

La vente à l'enchère décroissante est interdite. Les Commissaires-Priseurs ne peuvent prononcer d'adjudication qu'après des enchères, c'est-à-dire qu'avec la faculté pour le public de toujours augmenter sur l'offre faite jusqu'à la prononciation de l'adjudication.

Délibération
Juillet 1833.

III. — Double Enchère.

Lorsque le cas d'une double enchère se présentera à la suite d'une adjudication, et qu'il y aura contestation, le Commissaire-priseur devra reprendre les enchères sur le prix de l'adjudication prononcée, et admettre tout le public présent à enchérir de nouveau.

Délibération d
Juillet 1856.

IV. — Folle-Enchère.

Lorsqu'un objet a été adjugé, si son prix n'est pas à l'instant payé, le Commissaire-Priseur peut procéder à sa revente sur folle-enchère. Dans le cas où il prendra cette résolution, il devra l'exécuter sur-le-champ, avant de passer à la vente de tout autre objet. Le procès-verbal doit constater le nom du fol-enchérisseur qui refuse de payer, la nouvelle mise en vente et le nom du nouvel acquéreur. Le Commissaire-Priseur vendant sur folle-enchère a le droit de refuser les enchères du fol-enchérisseur.

Art. 624 du
de procédure.

V. — Mise en sus de l'Enchère.

Dans aucun cas, et sous aucun prétexte, il ne pourra être imposé aux adjudicataires aucune somme en sus de l'enchère, pour les crieurs ou tous autres.

Délibération d
Juillet 1837.
Art. 625 du Co
procédure et 17
Code pénal.

ENREGISTREMENT

Lois des 12 Décembre 1798 et 16 Juin

Le délai fixé par la loi pour l'enregistrement des procès-verbaux de vente, d'estimation, décharges et autres actes du ministère des Commissaires-Priseurs est de quatre jours francs, à peine du double droit, ou d'une amende de 10 francs si le droit simple est inférieur à 10 francs.

Loi du 22 Pluviôse II.

L'enregistrement ne peut avoir lieu qu'au bureau où la déclaration a été faite.

ÉTAT ANNUEL DES VENTES

(DÉPÔT D'UN)

Délibération du 3 1865.
Délibération du 16 1866.
Circulaire du 24 1866.

Tous les ans, avant l'expiration du mois de Juin, chaque membre de la Compagnie devra déposer au secrétariat de la Chambre un état des ventes faites par lui dans le courant de l'année précédente.

Cet état sera dressé dans la forme de ceux présentés pour l'obtention du quitus ; il énoncera, en regard de chaque vente, son produit total, et la libération qui la concerne, ou les causes qui se seront opposées à cette libération.

A la suite de cet état, et sur une feuille séparée, chaque membre de la Compagnie devra fournir le tableau des ventes qui, lors du dépôt de l'année précédente, étaient indiquées comme non encore déchargées, en énonçant si elles l'ont été depuis, ou si la libération n'a pas encore été obtenue, et pour quelle cause.

Ces états devront être certifiés véritables et signés par le Commissaire-Priseur duquel ils émaneront.

Les états ainsi déposés seront, dans la première quinzaine de

Juillet, examinés par deux ou plusieurs membres de la Chambre, que le Président désignera à cet effet, et qui rendront compte de leur vérification à la Chambre, par un rapport écrit, qu'ils lui soumettront à la troisième séance dudit mois de Juillet.

EXPOSITIONS

La vaisselle d'argent, les bagues et joyaux de la valeur de 300 francs au moins, ne pourront être vendus qu'après placards apposés en la forme ci-dessus (art. 620 C. Pr.), et trois expositions, soit au marché, soit dans l'endroit où sont lesdits effets ; sans que, néanmoins, dans aucun cas, lesdits objets puissent être vendus au-dessous de leur valeur réelle, s'il s'agit de vaisselle d'argent, ni au-dessous de l'estimation qui en aura été faite par des gens de l'art, s'il s'agit de bagues et joyaux. Dans les villes où il s'imprime des journaux, les trois publications seront suppléées comme il est dit dans l'article précédent. (Art. 620 C. Pr.) *Art. 621 du C. procédure.*

FAILLITE

Lorsqu'une faillite aura été déclarée, le Syndic de cette faillite remettra entre les mains du failli une lettre conçue en ces termes : *Délibération Juin 1862.*

FAILLITE ......
—
JUGE-COMMISSAIRE
M.
—
SYNDIC
M.

Par jugement en date du   , le Tribunal de Commerce de la Seine a déclaré en état de faillite le sieur

La conséquence de cette déclaration de faillite étant d'arrêter les poursuites individuelles des créanciers, conformément aux dispositions de l'article 443 du Code de Commerce, le soussigné, en sa qualité de syndic de ladite faillite s'oppose, à ce qu'il soit passé outre à toutes poursuites et exécutions.

Paris, le

Signé :

Syndic

Sur la remise de cette lettre, signée par le Syndic, le Commissaire-Priseur devra surseoir à toute vente qu'il serait requis de faire.

La simple justification par la partie saisie du dépôt de son bilan au greffe du Tribunal de Commerce ne suffit pas pour arrêter l'exécution, et le Commissaire-Priseur est en droit de passer outre à la vente, tant qu'il ne lui est pas justifié, par la lettre ci-dessus transcrite, que la déclaration de faillite est réellement prononcée.

FEUILLES DE CONTROLE

Délibération du 17 Août 1860.
Circulaire du 19 Octobre 1860.
Délibération du 9 Décembre 1864.
Circulaire du 22 Mars 1865.

Dans toutes les ventes faites, soit à l'Hôtel, soit en ville, le Commissaire-Priseur qui y procède doit tenir un état appelé *feuille de contrôle*, destiné à assurer la tenue régulière et le facile contrôle des procès-verbaux.

Cette feuille doit être tenue, dans chaque vente sans exception, par le Commissaire-Priseur lui-même ; elle doit contenir le nom du Commissaire-Priseur, la date de la vente, l'indication du lieu où il est procédé, le prix de chaque adjudication, porté *en chiffres seulement*, aussitôt l'adjudication prononcée, enfin la signature du Commissaire-Priseur.

Des exemplaires de ces feuilles, établis sur un type uniforme, se trouvent au secrétariat, à la disposition de chacun des membres de la Compagnie.

A la suite de chaque vente, et séance tenante, les chiffres qui figurent à la feuille de contrôle doivent être collationnés par le Commissaire-Priseur lui-même, sur le procès-verbal de vente, et les erreurs ou omissions qui pourraient exister doivent être rectifiées sur-le-champ.

La feuille de contrôle ainsi vérifiée rectifiée et complétée, s'il y a lieu, doit être certifiée véritable par le Commissaire-Priseur vendeur, et déposée dans la boîte à ce destinée, placée à l'Hôtel des ventes, dans les 48 heures.

Quand la même vente comporte plusieurs vacations, il doit être tenu et déposé une feuille de contrôle pour chaque jour de vente.

Lorsqu'une vacation comprend plusieurs ventes, il n'est pas nécessaire d'avoir autant de feuilles de contrôle que de procès-verbaux ; il suffit d'inscrire, sur la même feuille, et à la suite les uns des autres, tous les chiffres d'adjudication, sans distinction de vente; le total de la feuille, qui doit se rapporter aux totaux des procès-verbaux réunis, donne la preuve de leur exactitude.

Le membre de la Chambre, de service d'inspection, vise en même temps le procès-verbal et la feuille de contrôle, et s'assure de la parfaite concordance, quant aux chiffres des adjudications.

FRUITS ET RÉCOLTES ET COUPES DE BOIS TAILLIS

(VENTE DE)

La vente des fruits et récoltes est régie *spécialement* par la loi du 5 Juin 1851 et le décret du 5 Novembre même année, insérés en suite du règlement homologué de la Compagnie.

HONORAIRES EN SECOND

(LEUR PARTAGE)

Lorsque deux Commissaires-Priseurs procèdent conjointe- Délibération du Août 1851.
ment à une vente, chacun a droit à la moitié des honoraires

auxquels elle a donné lieu ; si l'expédition a été comptée dans la note des frais, les honoraires de cette expédition doivent être partagés entre les deux Commissaires-Priseurs.

Celui qui est détenteur de la minute ne peut rien retenir pour les déboursés d'expéditionnaires, ces déboursés étant une charge de la détention de la minute.

INSERTIONS OBLIGATOIRES

Pour certaines Ventes

(*Voir Publicité page 70 ci-après.*)

LOCATION

RÈGLEMENT RELATIF A LA LOCATION DES SALLES DE L'HOTEL DES VENTES

CHAPITRE PREMIER

Inscription des locations et distributions des salles

Délibération du 7 Mai 1875.

Les locations des salles sont constatées et inscrites sur des registres disposés à cet effet.

L'inscription a lieu de trois manières :

1° D'office ;

2° Par les soins du membre de la Chambre délégué, chaque jour ouvrable, à ce service ;

3° En séance de la Chambre, en vertu de ses décisions.

§ I. — **Inscription d'office.**

Tout Commissaire-Priseur a le droit de s'inscrire d'office sur les registres des salles pour toute opération de vente, exposition ou arrangement à faire dans les quatre jours, c'est-à-dire le jour même de l'inscription et les trois jours suivants.

Cette inscription doit être accompagnée d'une demande en ratification déposée dans la boîte dont sera ci-après parlé.

Les ventes faites pour le compte de la Compagnie, sous le nom de Ventes de la Chambre, s'inscrivent d'office sur les registres des salles, dans tous les délais, par les soins du Comité de la Chambre.

§ II. — **Distribution au service journalier** .

Les demandes de location de salles et de leur remise à louer quand il y a lieu, doivent être faites par écrit et déposées dans une boîte fermée, spéciale, se trouvant au secrétariat.

L'ouverture de la boîte est faite chaque jour, à une heure précise, par le membre de la Chambre de service, et, en son absence, par l'agent supérieur de la Compagnie.

Les demandes déposées après une heure précise sont renvoyées au service du lendemain.

En cas de difficultés imprévues, le membre de service en réfère à la Chambre, et, s'il y a urgence, au Président ou au Syndic.

———

Les ventes, au point de vue de la distribution des salles, sont de deux natures

Judiciaires,

Volontaires.

Sont considérées comme judiciaires : les ventes ordonnées ou autorisées par la justice civile ou consulaire, à l'exception des ventes volontaires après cessation de commerce ; les ventes auxquelles on ne doit procéder qu'en observant des formalités spécialement prescrites par la loi; les ventes après décès, même volontaires, à la condition qu'elles soient faites sur procès-verbal dressé à la requête des représentants de la succession.

Toute demande de salle doit être signée du Commissaire-Priseur ; elle doit énoncer la nature judiciaire ou volontaire de la vente ; si la vente est judiciaire, elle doit mentionner la circonstance qui lui donne ce caractère ; dans tous les cas, elle doit énoncer en outre la nature exacte des objets devant figurer à la vente, et, enfin, l'emploi de chaque jour demandé pour déballage, arrangement, exposition particulière, exposition publique ou vente.

Toute demande n'ayant pas, à défaut de ces indications, un caractère certain et déterminé est considérée comme non avenue.

Toute demande de location de salles pour vente de vins ou liquides doit indiquer le nombre total de bouteilles à vendre, et le nombre de celles non renfermées en caisses ou en paniers; si ces dernières excèdent le nombre de 1,200, la salle doit être demandée non-seulement pour le jour, mais encore pour le lendemain de la vente, ce lendemain devant être employé à la livraison. Faute de remplir ces conditions, la demande est considérée comme non avenue.

Les salles peuvent être retenues dans les délais réglementaires suivants :

Quinze jours à l'avance pour les ventes judiciaires ;

Dix jours à l'avance pour les ventes volontaires proprement dites ;

Et huit jours seulement à l'avance pour les ventes dites de réunion.

C'est-à-dire, selon le cas, pour le quinzième, le dixième ou le huitième jour venant après celui où la demande est présentée au service.

Par exception et s'il s'agit de ventes, judiciaires ou volontaires, d'objets d'art, curiosités artistiques, diamants, pierres précieuses, tableaux, dessins, gravures, livres, autographes ou médailles faites sur *catalogue contenant, sous des numéros distincts apposés sur les objets avant l'exposition et la vente, et reproduits au procès-verbal, la description de chacun des objets composant la vente,* et soumis au visa du membre de service dans le délai réglementaire ci-après fixé, les salles, autres que celles portant les numéros 2 et 6, peuvent être retenues un mois à l'avance, de quantième à quantième identique, quel que soit le nombre de jours dont le mois se compose.

L'insuffisance du catalogue ne remplissant pas les conditions ci-dessus entraîne les conséquences ci-après prévues du changement de destination de la salle.

Lorsque plusieurs demandes de la même salle sont faites en concurrence, la préférence est accordée à celle faite pour le jour le plus prochain, quels que soient le nombre de jours demandés et la nature de la vente.

Lorsque plusieurs demandes pour ventes judiciaires et volontaires se trouvent en concurrence pour le même jour initial, la préférence est accordée aux ventes judiciaires.

En cas de concurrence pour le même jour initial entre plusieurs demandes pour ventes volontaires, la préférence est accordée aux ventes après cessation de commerce autorisées par la justice consulaire.

Enfin, en cas de concurrence pour le même jour initial entre plusieurs demandes de même nature, la salle est tirée au sort entre les demandeurs.

Les demandes subsidiaires, pour ventes de toute nature, sont primées par les demandes principales faites pour le même jour initial; elles priment, au contraire, ces demandes principales lorsqu'elles sont faites pour un jour plus prochain.

Les salles demandées subsidiairement doivent être accordées ou tirées au sort suivant l'ordre dans lequel elles sont portées sur les demandes.

Les salles ne peuvent être accordées pour les ventes volontaires dites ventes de réunion que pour deux jours seulement, et trois jours si le jour initial est un dimanche ou un jour férié.

Lorsqu'une salle est demandée pour déballage, arrangement ou exposition, il ne peut être accordé, au service, qu'un seul jour pour ces déballage, arrangement et exposition.

La salle remise à louer ne peut être accordée à nouveau que le lendemain du jour où la déclaration de remise à louer a été visée par le membre de service, sauf cependant le droit à l'inscription d'office dans les quatre jours réservé entier à tout Commissaire-Priseur autre que le locataire originaire de la salle ; celui-ci ne la peut relouer d'office que le lendemain du visa de sa demande de remise à louer.

La cour ne peut être retenue d'office, ou accordée qu'à défaut de salles libres, à moins de sérieux motifs d'exception spécifiés sur la demande et soumis à l'appréciation du membre de service; elle ne peut être retenue d'office, ou accordée pour les ventes volontaires dites ventes de réunion.

§ III. — Distribution en séance de la Chambre.

La Chambre en séance a tout pouvoir pour accorder les salles sur demandes appuyées de documents justifiant l'importance ou l'urgence des ventes à effectuer.

Les demandes adressées à cet effet à la Chambre doivent être déposées au secrétariat le vendredi avant 6 heures les jours de séances ordinaires, et, pour les séances extraordinaires, avant l'heure fixée pour l'ouverture de ces séances.

Lorsqu'une salle a été obtenue dans les conditions qui précèdent pour une vente déterminée, il ne peut être adjoint à cette vente aucun objet qui y soit étranger.

Toute infraction à cette disposition est considérée comme un changement de la destination de la salle et en entraîne les conséquences.

CHAPITRE II

Conditions d'ordre

I. — Lorsqu'une salle a été retenue d'office ou inscrite au service pour une vente judiciaire, il est permis d'y adjoindre d'autres ventes de même nature et même une ou plusieurs ventes volontaires, faites par le même ou par plusieurs Commissaires-Priseurs, à la condition, pour les ventes volontaires, que, par chaque vacation, le nombre total de leurs lots n'excède pas la moitié du nombre total des lots judiciairement vendus. Si cette limite est dépassée, le prix de location de la salle est doublé.

II. — Lorsqu'il est procédé, dans une même salle, par un ou plusieurs Commissaires-Priseurs, à plusieurs ventes, il doit être apposé à la porte de la salle autant d'affiches distinctes qu'il y a de ventes judiciaires ou dénommées même par une simple initiale et, en outre, une affiche désignant exactement les objets vendus volontairement sans aucune indication du nom de leur propriétaire.

III. — Tout catalogue de vente à effectuer, soit à l'Hôtel, soit en ville, doit être déposé au secrétariat au plus tard le troisième jour précédant le premier jour de vente ou d'exposition, s'il y en a une, avant une heure précise, pour être soumis au visa du membre de service. Il doit être déposé au nombre de sept exemplaires s'il s'agit d'un catalogue de dessins, gravures, livres, autographes ou médailles, et de trois exemplaires seulement s'il s'agit d'un catalogue ne comportant pas d'objets de cette nature.

IV. — Toute demande en dégrèvement d'un prix de location de salle, ou d'un double droit de location, doit être adressée à la Chambre, et précédée du paiement de ce prix ou de ce double droit justifié par quittance.

V. — Les salles de l'Hôtel étant spécialement destinées aux ventes publiques mobilières faites par les Commissaires-Pri-

Délibération du Septembre 1856.

seurs, ne peuvent être détournées de leur destination, et consacrées à un autre usage.

VI. — Elles ne peuvent être louées qu'à des membres de la Compagnie, dans les formes ci-dessus prescrites.

VII. — Le Commissaire-Priseur locataire ne peut céder la salle à lui louée à un autre membre de la Compagnie ; dans le cas où, par une circonstance quelconque, il n'en aurait pas l'emploi, il devra la remettre à louer dans la forme indiquée ci-dessus.

VIII. — Aucune marchandise neuve ne peut être introduite dans les salles de vente, en contravention à la loi du 25 Juin 1841 ; l'agent supérieur de la Compagnie pourra demander toute justification à cet égard, et refuser l'entrée des objets qui auraient le caractère de marchandise neuve. En cas de difficulté, il en sera référé au membre de la Chambre de service.

IX. — Si, par suite du rejet de tout ou partie des objets mobiliers introduits dans une salle dans le cas prévu au § VIII ci-dessus, ou par toute autre cause provenant du fait du Commisaire-Priseur ou de ses agents, la vente pour laquelle la salle avait été retenue n'avait pas lieu, le prix de location et le double droit dont il sera question ci-après n'en seraient pas moins dus.

X. — Les déballages, arrangements ou ventes ne peuvent, sous aucun prétexte, se prolonger le soir au delà de 11 heures et demie précises.

XI. — Toutes salles retenues, soit pour expositions, soit pour ventes, devront être ouvertes aux heures précises indiquées par les affiches et insertions ; elles le seront, par les soins de l'agent supérieur, même en l'absence du Commissaire-Priseur ou de ses employés.

XII. — Tout Commissaire-Priseur procédant à une vente dans l'une des salles de l'Hôtel ne pourra, sous aucun prétexte, après en avoir fait fermer les portes, rouvrir cette salle pour y continuer la vente.

Délibération du 1er Avril 1864.

XIII. — Il est expressément défendu de fumer dans l'intérieur des salles, même lorsqu'elles ne sont pas ouvertes au public.

XIV. — Les membres de la Chambre, ainsi que l'agent supérieur de la Compagnie, auront toujours entrée dans les salles, avant comme après leur ouverture au public, et même durant les arrangements et expositions.

XV. — Tout commissionnaire appelé dans une salle de vente pour y faire, à titre d'aide ou autrement, les travaux de peine occasionnés par les arrangements, expositions ou ventes, devra faire partie des commissionnaires attachés au service spécial de l'Hôtel, et reconnus à ce titre par la Chambre.

Aucun commissionnaire ne sera attaché à une salle ou à un service particulier.

XVI. — Les boiseries, ferraille, fourneaux, machines et autres objets qui, par leur nature, leur volume, ou leur aspect, pourraient encombrer les salles, les dégrader ou gêner le public, ne seront point admis dans les salles de vente, lors même qu'ils feraient partie d'un mobilier pour la vente duquel elles auraient été retenues, et ne pourront être vendus que dans les galeries du soubassement destinées à cet effet.

XVII. — Toute personne apportant des meubles ou objets mobiliers dans une salle pour y être exposés ou vendus, ne pourra séjourner dans ladite salle que pendant le temps nécessaire pour y déposer et faire reconnaître lesdits meubles et objets.

Cette disposition est surtout applicable aux personnes connues pour apporter habituellement des effets mobiliers dans les ventes dites de réunion. Elle ne concerne pas les héritiers ou autres parties intéressées que le Commissaire-Priseur voudrait admettre dans la salle, avant ou après la vente, non plus que les personnes qui désireraient voir particulièrement les objets, avant leur mise en vente, et qui seraient introduites à cet effet avec l'agrément du Commissaire-Priseur, locataire de la salle.

———————

8

CHAPITRE III

Prix de location des salles

Le prix de location des salles est, pour chacune, fixé et dé-terminé par la Chambre.

Ce prix, lorsqu'une vente est précédée de plusieurs jours d'exposition, n'est pas modifié pour le dernier de ces jours; il est augmenté de moitié pour les autres jours d'exposition.

Par exception, le prix de location des salles 8 et 9 réunies reste toujours le même, sauf les cas prévus ci-après.

Le prix de location de toutes les salles, sans en excepter même la cour, est porté au double de celui qui serait perçu conformément aux dispositions qui précèdent lorsque le Commissaire-Priseur locataire de la salle en change la destination indiquée sur sa demande et constatée sur les registres, ou s'abstient de l'occuper, ou l'a remise à louer, si la salle n'a pas été relouée ensuite; si la salle a été relouée, le locataire originaire doit néanmoins en payer le prix de location.

Le prix de location est doublé lorsqu'un Commissaire-Priseur procède dans une salle sans être au préalable régulièrement inscrit pour l'occuper.

Lorsqu'il s'agit d'une salle à prix proportionnel, le prix le plus fort sert de base à la perception du droit et du double droit dans les cas qui viennent d'être prévus.

CHAPITRE IV

Tarif de location des salles

(Voir le Tableau d'autre part).

Tarif de la location des Salles de l'Hôtel des Ventes

NUMÉROS des SALLES	DESTINATION DES SALLES	PRIX DE LOCATION			
		Du 1er Avril au 1er Oct. SANS ÉCLAIRAGE	Du 1er Avril au 1er Oct. AVEC ÉCLAIRAGE	Du 1er OCTOBRE au 1er AVRIL Éclairage et chauffage compris.	EN TOUT TEMPS Pour soirée de déballage, arrangement ou continuation de vente
	PREMIER ÉTAGE				
Nº 1	Pour toutes ventes............................	60 »	66 »	78 »	18 »
Nº 2	Id.	40 »	44 »	52 »	12 »
Nº 3	Id.	50 »	55 »	65 »	15 »
Nº 4	Id.	30 »	33 »	39 »	9 »
Nº 5	Id.	35 »	38 50	45 50	10 50
Nº 6	Id.	30 »	33 »	39 »	9 »
Nº 7	Pour ventes judiciaires, avec ou sans adjonction de ventes volontaires dans les conditions du règlement relatif à la location des salles, et si les produits totaux, 5 % compris, n'excèdent pas ensemble 2,000 francs...........................	20 »	22 »	26 »	9 »
	Pour toutes autres ventes........................	30 »	33 »	30 »	
Nº 8	Pour toutes ventes............................	60 »	66 »	78 »	18 »
Nº 9	Id.	40 »	44 »	52 »	12 »
Nºs 8 et 9	Salles réunies. — Pour toutes ventes.. / Sans exposition ou précédées d'un seul jour d'exposition.	150 »	150 »	150 »	30 »
	Précédées de plus d'un jour d'exposition,.............	200 »	200 »	200 »	50 »
	REZ-DE-CHAUSSÉE				
Nº 10	Pour toutes ventes............................	35 »	38 50	45 50	10 50
Nº 11	Id, ...	30 »	33 »	39 »	9 »
Nº 12 et Nº 15	Pour ventes judiciaires, avec ou sans etc. (comme pour la salle nº 7)................................	20 »	22 »	20 »	7 50
	Pour toutes autres ventes........................	25 »	27 50	32 50	
Nº 13 et Nº 14	Pour ventes judiciaires, avec ou sans etc. (comme pour la salle nº 7)................................	15 »	16 50	19 50	6 »
	Pour toutes autres ventes........................	20 »	22 »	26 »	
Nº 16	Pour toutes ventes, autres que celles de volatiles.....	30 »	33 »	39 »	9 »
	Pour ventes de volatiles........................	40 »	44 »	52 »	
Nº 17	Pour toutes ventes.. / Si les produits totaux 5 % compris, n'excèdent pas 1,000 fr............................	10 »	11 »	13 »	9 »
Nº 18	Pour ventes de gravures, livres, médailles, curiosités, à l'exclusion des meubles.......... / S'ils dépassent 1,000 fr. sans excéder 2,000 fr...........	15 »	16 50	19 50	
	S'ils excèdent 2,000 fr......	20 »	22 »	26 »	
Cour	Pour toutes ventes dans les conditions du règlement relatif à la location des salles......... / Si les produits totaux, 5 % compris, n'excèdent pas 1,000 fr..........................	10 »	11 »	12 »	4 »
	S'ils dépassent 1,000 fr sans excéder 2,000 fr...........	15 »	16 50	18 »	
	S'ils excèdent 2,000 fr.......	20 »	22 »	24 »	

CHAPITRE V

Dispositions complémentaires du Tarif de la location des Salles

En outre du prix de location des salles ou de la cour, il est perçu, pour frais d'étiquettes, 1 fr. par jour de vente.

S'il dépend d'une vente faite dans une salle des objets qu'il soit convenable ou nécessaire de vendre dans la cour, il est, en outre du prix de location de la salle, perçu pour chaque lot de vente de ces objets un droit de.... 0.50

Ce droit, s'il s'agit de voitures à bras, est fixé pour chacune à.............. 1. »

S'il s'agit d'autres voitures, de chevaux, de gros bétail, d'objets volumineux et encombrants, il est, pour chaque voiture, cheval, tête de gros bétail ou objet encombrant, fixé à.......... 5. »

par jour d'Exposition ou de vente

Le droit de 1 fr. par voiture à bras et celui de 5 fr. par voiture, cheval, tête de gros bétail, ou objet encombrant, est également perçu sur ces divers objets et animaux lorsqu'ils dépendent d'une vente faite dans la cour, comprenant des objets de diverses natures. En ce cas le droit de location de la cour se perçoit en ajoutant au droit dû à raison du produit du surplus de la vente le droit dû pour les voitures, animaux, ou objets encombrants qui en dépendent.

Si la vente faite dans la cour se compose uniquement de voitures à bras, voitures, chevaux, bestiaux, ou objets encombrants, il n'est perçu pour droit de location que le total des droits ci-dessus fixés pour ces objets ou animaux.

Si la vente ne comprend, en outre de ces objets encombrants ou animaux, que des harnais, ustensiles d'écurie et animaux de basse-cour, il n'est perçu, outre ledit total, que 0 fr. 50 par lot de vente de ces derniers objets ou animaux.

Les volatiles ne peuvent être vendus que dans la salle n° 16 ou dans la cour. Pour toute vente de volatiles faite dans la salle n° 16 il est dû aux commissionnaires une indemnité de 10 fr. pour nettoyage.

Les chevaux, bestiaux et autres animaux vivants ne peuvent être vendus que dans la Cour.

Les vins et liquides ne peuvent être vendus que dans les salles du rez-de-chaussée ou dans la cour, lors même qu'ils font partie d'une vente faite dans une salle du premier étage.

CHAPITRE VI

Droits de location applicables aux Ventes par autorité de justice

Le tarif et les droits ci-dessus fixés sont applicables à toute vente par autorité de justice faite dans un local de l'Hôtel spécialement retenu.

Aucune vente par autorité de justice ne peut être précédée d'un ou plusieurs jours d'exposition s'il n'a été retenu une salle spéciale pour y faire cette exposition et y procéder à la vente.

Pour toute vente par autorité de justice faite dans un local de l'Hôtel non spécialement retenu, il est perçu, pour tout droit de location, *quels que soient le volume et la nature des objets compris en la vente*, 2 % sur le produit, 5 % compris, arrondi par centaine, sans excéder 20 fr. par jour.

Si la vente faite dans ces conditions dure deux ou plusieurs jours, ce droit proportionnel est perçu pour chaque vacation.

On ne considère pas comme vacation l'adjudication faite de

quelques lots (dix au plus) pour commencer la vente : le produit de ces lots s'ajoute à celui de la vacation suivante pour la perception du droit proportionnel.

Si une vente par autorité de justice, commencée dans une salle spécialement retenue pour un ou plusieurs jours et libre les jours suivants, se continue le lendemain et jours suivants dans la même salle, il est perçu, pour chaque jour supplémentaire de vente, le prix de location de ladite salle, à moins que le Commissaire-Priseur, chargé de la vente, ne déclare par écrit, le dernier des jours retenus, qu'il n'entend pas continuer la location : dans ce cas, les objets restant à vendre peuvent être transportés dans toute autre salle libre ou dans la cour ; ils y sont forcément transportés si la salle n'est pas libre après les jours retenus. Les frais de ce transport sont à la charge de la vente. Le droit proportionnel ci-dessus fixé est perçu sur le produit des objets dont s'agit.

CHAPITRE VII

Location des soubassements

Délibération du 18 Juin 1852.

Les objets vendus dans le soubassement de l'Hôtel ne paieront aucun droit de location, lorsqu'ils feront partie d'une vente opérée dans une salle retenue à l'avance : ils seront considérés comme conséquence de ladite vente, et calculés avec l'ensemble de la vente, si la salle louée donne lieu à un droit proportionnel.

Ils seront soumis à un droit de 0 fr. 50 cent. par lot, lorsqu'il n'aura pas été retenu de salle.

Aucune disposition du règlement qui précède ne restreint l'action disciplinaire de la Chambre pour la répression des abus et ne peut préjudicier, en quoi que ce soit, à cette action.

MAGASINAGE ET ENTRÉE

(Voir pages 11 et 13 ci-dessus)

MARCHANDISES NEUVES

I. — La vente aux enchères publiques des marchandises neuves est interdite, sauf dans les cas prévus par la loi du 25 Juin 1841, insérée en suite du règlement homologué de la Compagnie.

II. — Dans le cas où une vente de marchandises neuves aura lieu en vertu d'autorisation du Tribunal de commerce, le Commissaire-Priseur chargé de cette vente sera tenu, avant de la commencer, de communiquer le jugement qui l'autorise : au membre de la Chambre de service, si la vente a lieu à l'Hôtel ; et au président ou au syndic, si elle se fait à domicile.

Le Commissaire-Priseur devra, en outre, avoir toujours entre les mains, en procédant à la vente, la grosse ou l'expédition du jugement d'autorisation.

III. — Tout Commissaire-Priseur doit s'assurer par lui-même de la provenance et de la nature vraies des objets qui lui sont donnés à vendre, et de l'identité des vendeurs, et repousser tout ce qui lui paraîtrait avoir un caractère douteux.

Il doit, en conséquence, surveiller l'entrée des meubles dans sa salle de vente ; l'inspection journalière faite par l'agent supérieur de la Compagnie et le membre de la Chambre de service ne saurait dégager la responsabilité du Commissaire-Priseur vendeur, dans le cas où des meubles ou marchandises neufs seraient introduits dans sa salle.

En conséquence tout Commissaire-Priseur, qui sciemment ou par négligence, aura laissé introduire dans une salle de l'Hôtel où il procède, des meubles ou marchandises neufs, sera cité devant la Chambre, et puni des peines disciplinaires.

Sont considérés comme marchandises neuves les tableaux connus sous le nom de *Tableaux de fabrique*.

MODÈLES ET PLANCHES GRAVÉES

Délibération du 1er 1863.

Lorsque, dans une vente, figurent des modèles ou planches gravées, le Commissaire-Prieur doit toujours déclarer expressément et mentionner au procès-verbal si le vendeur entend, oui ou non, mettre en vente, avec lesdits modèles ou planches gravées, les droits de reproduction qui y sont attachés.

OUVERTURE DE SALLES DE VENTE

Règlement du 2 Frimaire an XII.

La Chambre de discipline, représentant tous les Commissaires-Priseurs, sous le rapport de leurs droits et intérêts communs, a seule le droit de demander à l'autorité compétente l'augmentation ou la réduction du nombre des locaux affectés aux ventes à faire par les membres de la Compagnie : il est interdit à tout Commissaire-Priseur de demander individuellement l'ouverture de nouveaux locaux de vente.

Délibération de la Chambre du 10 Décembre 1852, homologué jugement du Tribunal de la Seine du Juillet 1853.

Enfin il est interdit à tout Commissaire-Priseur d'exploiter individuellement des salles de vente, et même de procéder à des ventes dans des locaux autres que l'Hôtel de la Compagnie, ou le domicile des vendeurs, sans autorisation de la Chambre.

POLICE DES VENTES

Droit de réquisition de la force armée

Les Commissaires-Priseurs ont la police dans les ventes. Pour en assurer le bon ordre, ils peuvent faire toutes réquisitions de la force armée ou du commissaire de police.

En cas de troubles, rixes ou émeutes, les Commissaires-Priseurs feront arrêter et conduire les délinquants à la Préfecture de police.

Ils pourront, en outre, dresser tous procès-verbaux constatant le trouble apporté à leurs opérations, les atteintes portées à leur personne, et renvoyer ces procès-verbaux sans en garder minute, suivant les cas, à M. le Préfet de Police ou à M. le Procureur de la République.

Lettre de M. le Préfet de Police au Président de la Chambre des Commissaires-Priseurs.

Paris, 11 Mars 1829.

« Monsieur,

« J'ai examiné avec attention les observations que vous m'avez adressées par votre lettre du 6 août dernier, relativement au refus qu'avait éprouvé, de la part d'un chef de poste militaire, un Commissaire-Priseur qui, dans l'exercice de ses fonctions, avait requis le secours de la force armée.

« J'ai soumis à M. le Ministre de l'Intérieur la question que vous m'avez faite de savoir s'il n'y aurait pas lieu, pour éviter à l'avenir de semblables refus, de comprendre dans la nomenclature des personnes ayant le droit de requérir la force armée les Commissaires-Priseurs dans l'exercice de leurs fonctions de ventes, afin qu'ils puissent y maintenir le bon ordre.

9

« M. le Ministre, qui a communiqué à M. le Garde des Sceaux la
lettre que j'avais eu l'honneur de lui écrire à ce sujet, me répond que
M. le Garde des Sceaux, dont M. le Ministre partage l'opinion, pense
qu'en effet les Commissaires-Priseurs doivent être assimilés à tous
autres officiers publics en exercice qui ont le droit de requérir la force
armée, soit pour fait d'opposition, soit pour trouble apporté à leur
action, soit pour rébellion, soit enfin pour faire saisir tout individu
qui aurait commis un crime ou un délit dans un lieu où ils remplissent
leurs fonctions, et que l'on doit s'en rapporter à la prudence de l'officier public qui requiert, et à celle de l'agent de la force publique qui
intervient pour rétablir l'ordre.

« Je viens, en conséquence, d'écrire à M. le lieutenant général
commandant la première division militaire pour le prier de comprendre dans les ordres de consignes, parmi les fonctionnaires ayant
droit de requérir la force armée, les Commissaires-Priseurs dans
l'exercice de leurs fonctions de ventes.

« Je crois néanmoins devoir vous inviter, Monsieur, à vouloir bien
recommander instamment à MM. les Membres de votre Compagnie de
n'user de ce droit que dans les cas d'urgence et d'absolue nécessité, et
à les engager, dans tous les autres cas, à s'adresser autant que possible
aux Commissaires de police.

« Agréez, Monsieur, l'assurance de ma considération très-distinguée,

« *Le Préfet de Police,*

« Signé : DEBELLEYME. »

MODÈLE DE RÉQUISITION

En vertu de l'art. 5 de la loi du 27 ventôse an IX, le Commissaire-
Priseur soussigné, se trouvant dans l'exercice de ses fonctions,
rue   requiert M. le Commandant
du poste de   de lui
envoyer   pour   *rétablir*
l'ordre, prêter main-forte, saisir un individu qui aurait commis un crime
ou un délit, ou tout autre motif.

Paris, ce

La Chambre recommande aux Commissaires-Priseurs de n'avoir recours à la force armée qu'après avoir épuisé tous les moyens possibles de conciliation, et de dresser alors un procès-verbal, signé de témoins, constatant la cause qui a provoqué la mesure, afin de pouvoir justifier de la nécessité où ils ont été d'employer la force.

PROCÈS-VERBAUX DE VENTE

Les procès-verbaux doivent être tenus avec la plus grande régularité.

Ils doivent être écrits sur papier timbré.

Les officiers ministériels ne peuvent acheter le papier timbré nécessaire à la rédaction de leurs actes et procès-verbaux que dans les bureaux d'enregistrement et dans les bureaux spécialement établis pour la vente du papier timbré, mais non chez les débitants de tabac.

La copie de la déclaration de vente faite à l'enregistrement doit être transcrite en tête des procès-verbaux de vente, et l'extrait délivré par le Receveur de l'enregistrement doit demeurer annexé à la minute.

Le procès-verbal étant la reproduction fidèle de tous les incidents de la vente doit être rédigé, séance tenante, au fur et à mesure de l'opération, sans surcharge, interligne, omission ou addition.

Chaque objet adjugé doit être porté de suite au procès-verbal; le prix de l'adjudication doit être écrit en toutes lettres, et tiré hors ligne, en chiffre. Le procès-verbal contiendra également les nom et domicile de chaque adjudicataire.

Tous les objets mis en vente, et dont la mise à prix a été

Loi du 22 Plu an VII.

Arrêté du Mi des finances du vembre 1864.

Arrêt du Cons 13 Novembre 1

donnance du Roi
r Mai 1816.
libération du 11
1811.

couverte, doivent être adjugés, et portés sur son procès-verbal par le Commissaire-Priseur qui procède à la vente, sans avoir égard à la qualité de l'adjudicataire, soit que la dernière enchère ait été portée par le vendeur, soit qu'elle l'ait été par tout autre.

Lorsqu'une vente aura lieu par suite d'inventaire, il en sera fait mention au procès-verbal, avec indication de la date de cet inventaire, du nom du notaire qui y aura procédé, et de la quittance de l'enregistrement.

du 22 Pluviose
II.

Chaque séance ou vacation d'un procès-verbal de vente doit être close et signée par le Commissaire-Priseur et deux témoins français, jouissant de leurs droits civils, et domiciliés dans l'arrondissement.

donnance royale
Juillet 1816.

Après la clôture du procès-verbal, lors de sa présentation à l'enregistrement, le Commissaire-Priseur doit déclarer au bas de la minute, s'il a ou n'a pas d'opposition, s'il a connaissance ou non d'opposition aux scellés ou autre opération ayant précédé la vente.

Lorsque, dans une vente, se trouvent comprises des matières d'or et d'argent, le Commissaire-Priseur doit, à l'avance, s'assurer exactement de leur poids, l'annoncer au public, et l'inscrire au procès-verbal; il doit également annoncer et mentionner au procès-verbal si l'objet est revêtu, ou non, du poinçon de garantie de la Monnaie, et, dans ce dernier cas, si l'acquéreur brise l'objet adjugé ou le fait contrôler.

ibération du 20
t 1853.

Lors de toutes ventes faites à l'Hôtel de la Compagnie, les Commissaires-Priseurs vendeurs inséreront dans les procès-verbaux la clause suivante :

« Les objets adjugés devront être enlevés par l'adjudicataire
« le lendemain de la vente, avant 11 heures du matin; si cet
« enlèvement n'est pas effectué, les objets seront déposés dans
« les magasins et seront soumis aux droits de magasinage fixés
« par le tarif de l'Hôtel.

« Quinze jours après l'adjudication, si l'adjudicataire n'a pas
« fait retirer lesdits objets des magasins, et payé les droits, la
« vente aux enchères pourra en être faite aux risques et périls
« dudit adjudicataire, à la requête de l'agent de la Compagnie,
« sans aucune formalité ni avertissement préalables. »

Au commencement de chaque séance de vente faite au dit

Hôtel, le Commissaire-Priseur donnera connaissance de cette clause. Une copie en sera, en outre, affichée dans chaque salle de vente, par les soins de l'agent de la Compagnie.

———

Les expéditions ou extraits des procès-verbaux de vente doivent être écrits sur papier timbré, et contenir, pour chaque rôle, vingt-cinq lignes à la page, et quinze syllabes à la ligne.

Loi du 20 Juin

———

Les quittances et décharges des prix des ventes mobilières peuvent être mises à la suite des procès-verbaux de vente, et sur le même timbre. Dans ce cas, ces quittances et décharges doivent être rédigées en forme authentique ; c'est-à-dire que l'Officier public attestera que la partie est comparue devant lui pour régler le reliquat de la vente, dont elle lui donne quittance et décharge.

Avis du Co[nseil] d'Etat du 21 Oc[tobre] 1809. — Délibér[ation] du 7 Décembre

Cet acte sera signé tant par le Commissaire-Priseur que par la partie, et si la partie ne sait pas signer, par un second Officier de la même qualité ou par deux témoins.

Ces décharges ainsi rédigées doivent être portées à leur date sur le répertoire et enregistrées dans les quatre jours.

———

PROHIBITION

De vendre certains Objets

I. — La vente des marchandises neuves est formellement interdite, sauf dans les cas et avec les formalités prévues par la loi du 23 juin 1841. (*Voir ci-dessus Marchandises neuves, page* 63.)

Loi du 23 Juin

II. — Il est interdit de comprendre dans les ventes :

1° Les armes de guerre, les tromblons, fusils et pistolets à vent, pistolets de poche, stylets, poignards, couteaux-poignards, dagues, bâtons, cannes et parapluies à épée, à baïonnette, à dard, ou renfermant, de quelque manière que ce soit, une arme offensive et cachée.

Loi du 24 Mai [et] Ordonnance d[u] Février 1837.

2° Les livres sur lesquels se trouverait une estampille indiquant qu'ils appartiennent, soit à la Bibliothèque nationale, soit à toute autre bibliothèque publique : ces livres (qu'il faut également éviter de comprendre dans les prisées d'inventaire) doivent être remis au directeur de la bibliothèque à laquelle ils appartiennent.

3° Les livres, tableaux, gravures et généralement tous les objets obscènes, ou ayant été l'objet d'une condamnation.

III. — Les fûts à bière vides et les siphons trouvés chez les restaurateurs, limonadiers et autres débitants ne sont généralement pas la propriété de ces derniers, mais bien celle des brasseurs et fabricants d'eau gazeuse dont ils portent la marque ; en conséquence ces fûts et siphons ne doivent être compris, ni dans les inventaires, ni dans les ventes, auxquels les Commissaires-Priseurs sont appelés à procéder chez ces divers débitants.

PUBLICITÉ LÉGALE

I. — La publicité légale (insertions, annonces, affiches, expositions, etc.) qui doit nécessairement précéder les ventes judiciaires, est réglée par le Code de procédure civile (Articles 945, 617 et suivants).

Spécialement, s'il s'agit de barques, chaloupes et autres bâtiments de mer, du port de 10 tonneaux et au-dessous, baes, galiotes, bateaux et autres bâtiments de rivière, moulins et autres édifices mobiles assis sur bateaux, ou autrement, il sera affiché quatre placards au moins, et il sera fait, à trois divers jours consécutifs, trois publications au lieu où sont lesdits objets; la première publication ne sera faite que huit jours au moins après la signification de la saisie. Dans les villes où il s'imprime des journaux, il sera suppléé à ces trois publications par l'insertion qui sera faite au journal de l'annonce de ladite vente, laquelle annonce sera répétée trois fois dans le cours du mois précédant la vente.

La vaisselle d'argent, les bagues et joyaux, de la valeur de 300 francs au moins, ne pourront être vendus qu'après placards apposés en la forme ci-dessus (art. 617 C. Pr.) et trois expositions, soit au marché, soit dans l'endroit où sont les dits effets, sans que, néanmoins, dans aucun cas, lesdits objets puissent être vendus au-dessous de leur valeur réelle, s'il s'agit de vaisselle d'argent, ni au-dessous de l'estimation qui en aura été faite par des gens de l'art, s'il s'agit de bagues et joyaux. — Dans les villes où il s'imprime des journaux, les trois publications seront supplées comme il est dit en l'article précédent (Article 620 ci-dessus). Code de proc art. 621.

II. — Dans les ventes par suite de saisie-exécution, le soin de la publicité légale incombe à l'huissier poursuivant, et non au Commissaire-Priseur.

Dans toutes autres ventes, ce soin incombe au Commissaire-Priseur lui-même.

REMISE D'HONORAIRES

Il est interdit aux Commissaires-Priseurs de faire aucun abonnement ou modifications à raison de leurs droits fixés par la loi sur le tarif, si ce n'est avec l'État ou les établissements publics et de l'avis de la Chambre. Loi du 18 Jui

Toute contravention à cette disposition est punie d'une suspension de 15 jours à 6 mois, et, en cas de récidive, la destitution sera prononcée.

REMPLACEMENTS

Délibération du 14
Brumaire an XII. Il est interdit à tout Commissaire-Priseur de se faire remplacer dans toute opération, relative à ses fonctions, par toute autre personne que par un confrère.

RÉPERTOIRE

Son visa et dépôt de sa copie

Ordonnance du 24
Juin 1816. Les Commissaires-Priseurs doivent tenir un répertoire, et y inscrire, jour par jour, leurs procès-verbaux : ce répertoire est coté et paraphé par M. le Président du Tribunal civil, ou le juge délégué à cet effet.

Ce répertoire doit être visé, dans les 10 premiers jours de chaque trimestre, par le receveur de l'enregistrement, et une copie sur papier timbré, certifiée par le Commissaire-Priseur, doit en être déposée, chaque année, avant le 1er Mars, au greffe du tribunal de première instance.

TAXES

I. — Aucun compte de vente par autorité de justice, partiel ou pour solde, ne pourra être rendu par le Commissaire-Priseur qui aura procédé, sans que les frais de vente aient été préalablement taxés par la Chambre. Délibération du Novembre 1849.

Les frais de poursuite dus aux huissiers à raison des mêmes ventes ne peuvent être également payés par les Commissaires-Priseurs que sur taxe.

II. — Tout compte de vente présenté à un syndic de faillite, et dont ce dernier donne décharge, doit être précédé de la taxe des frais par la Chambre; il en est de même dans le cas d'une vente après décès, lorsque la liquidation de la succession doit être soumise à l'homologation du tribunal.

III. — Les notes de frais dont la taxe est requise doivent être déposées au secrétariat, au plus tard, le jeudi avant midi, *terme de rigueur* : passé ce délai, les taxes seront ajournées à huitaine. Délibération du Mai 1856. Circulaire du 25 1853. Délibération du Décembre 1863. Circulaire du 9 vier 1804. Délibération d Novembre 1853.

Ces notes doivent être dressées sur papier timbré, signées du Commissaire Priseur, et divisées en deux colonnes : celle des déboursés et celle des honoraires. Les droits proportionnels de vente doivent être portés par moitié dans chaque colonne, attendu que le versement en Bourse commune est, en réalité, un déboursé pour le Commissaire-Priseur vendeur.

Les états de frais présentés à la taxe doivent être accompagnés : 1° des minutes des procès-verbaux, enregistrées et revêtues des signatures de toutes les parties, des témoins et du Commissaire-Priseur ; 2° de toutes les pièces justificatives des déboursés effectués et des honoraires réclamés, notamment : le relevé d'inventaire comprenant les qualités et la prisée, les quittances de location de salle pour les ventes faites à l'Hôtel, et un exemplaire de chacun des journaux dans lesquels aura paru l'insertion annonçant la vente. Délibération d Mai 1849.

Faute de représentation des minutes en règle et de la justification de toutes les pièces à l'appui, la taxe sera rigoureusement ajournée.

Les procès-verbaux, avec les états de frais taxés, et les pièces à l'appui, pourront être retirés du secrétariat, le samedi, à compter de une heure de l'après-midi.

IV. — Les vacations d'inventaire ne doivent pas être portées sur les notes de frais dont la taxe est demandée, mais dans les paiements constatés par la décharge.

V. — Aucune taxe ne pourra être faite d'urgence par le membre de la Chambre de service ; toutes les taxes doivent émaner de la Chambre elle-même.

TRÉSORIER

Le Comité de surveillance, après s'être préalablement renseigné sur l'état de la Caisse de la Compagnie, devra appeler en la Séance du vendredi qui suit l'installation de la nouvelle Chambre ou d'un nouveau Trésorier, et le Trésorier ancien et le nouvel élu, à l'effet d'examiner et de recevoir le compte du premier et d'en constater l'état, comme aussi de mettre le second en possession des deniers, titres et renseignements concernant la Compagnie et les tiers intéressés dont le premier était détenteur.

Le Comité fait son rapport à la Chambre, qui l'entérine à sa prochaine séance.

VENTES

Législation relative aux Ventes faites en vertu des Lois des 3 Juillet 1861 et 23 Mai 1863.

---

§ 1er.

Loi du 3 Juillet 1861 relative aux ventes publiques ordonnées par la Justice consulaire, et dispositions spéciales s'y rattachant.

ARTICLE PREMIER. — Les Tribunaux de commerce peuvent, après décès ou cessation de commerce, et dans tous les autres cas de nécessité dont l'appréciation leur est soumise, autoriser la vente aux enchères *en gros* des marchandises de toutes espèces et de toutes provenances.

L'autorisation est donnée sur requête; un état détaillé des marchandises à vendre est joint à la requête.

Le Tribunal constate, par son jugement, le fait qui donne lieu à la vente.

ART. 2. — Les ventes autorisées en vertu de l'article précédent, ainsi que toutes celles qui sont autorisées ou ordonnées par la Justice consulaire, dans les divers cas prévus par le Code de commerce, sont faites par le ministère des courtiers.

Néanmoins, il appartient toujours au tribunal ou au juge qui autorise ou ordonne la vente, de désigner, pour y procéder, une autre classe d'officiers publics; dans ce cas, l'officier public, quel qu'il soit, est soumis aux dispositions qui régissent les courtiers, relativement aux formes, aux tarifs et à la responsabilité

ART. 2. — Les annonces et affiches prescrites par l'art. 21 du décret du 12 Mars 1859, ainsi que le catalogue qui est dressé et imprimé en exécution de l'article 22 du même décret, doivent énoncer la décision judiciaire qui a autorisé ou ordonné la vente.

La même énonciation doit être insérée au procès-verbal de la vente.

> Nota. — Les articles 21 et 22 dont vient d'être parlé se trouveront transcrits plus loin sous le § III.

Art. 3. — Le minimum de la valeur des lots est fixé à 100 francs pour les ventes de marchandises de toutes espèces ordonnées ou autorisées dans les cas prévus par la loi du 3 Juillet 1861.

Ce minimum peut être abaissé par le tribunal ou le juge qui ordonne ou autorise la vente.

§ 2.

Loi du 23 Mai 1863 qui modifie le Titre VI du Livre Ier du Code de commerce et dispositions spéciales s'y rattachant.

Loi du 23 Mai 1863. # TITRE VI. — DU GAGE ET DES COMMISSIONNAIRES

Section Ire. — Du Gage.

Art. 91. — Le gage, constitué soit par un commerçant, soit par un individu non commerçant, *pour un acte de commerce*, se constate, à l'égard des tiers comme à l'égard des parties contractantes, conformément aux dispositions de l'article 109 du Code de Commerce ....

Code de Commerce. Art. 109. — Les achats et ventes se constatent par actes publics, par actes sous signature privée, par le bordereau ou arrêté d'un agent de change ou courtier dûment signé par les parties, par une facture acceptée, par la correspondance, par les livres des parties, par la preuve testimoniale, dans le cas où le tribunal croira devoir l'admettre.

ART. 92. — Dans tous les cas, le privilége ne subsiste sur le gage qu'autant que ce gage a été mis et est resté en la possession du créancier ou d'un tiers convenu entre les parties.

Le créancier est réputé avoir les marchandises en sa possession, lorsqu'elles sont à sa disposition dans ses magasins ou navires, à la Douane ou dans un dépôt public, ou si, avant qu'elles soient arrivées, il en est saisi par un connaissement ou par une lettre de voiture.

ART. 93. — A défaut de paiement à l'échéance, le créancier peut, huit jours après une simple signification faite au débiteur et au tiers bailleur de gage, s'il y en a un, faire procéder à la vente publique des objets donnés en gage.

Les ventes autres que celles dont les agents de change peuvent seuls être chargés, sont faites par le ministère des courtiers. Toutefois, sur la requête des parties, le Président du Tribunal de commerce peut désigner, pour y procéder, une autre classe d'officiers publics. Dans ce cas, l'officier public, quel qu'il soit, chargé de la vente, est soumis aux dispositions qui régissent les courtiers, relativement aux formes, aux tarifs et à la responsabilité.

Les dispositions des art. 2 à 7 inclusivement de la loi du 28 Mai 1858, sur les ventes publiques, sont applicables aux ventes prévues par le paragraphe précédent.

> NOTA. — Les articles dont vient d'être parlé se trouveront en partie transcrits plus loin sous le § III.

Toute clause qui autoriserait le créancier à s'approprier le gage ou à en disposer sans les formalités ci-dessus prescrites est nulle.

ART. 2. — Lorsque, en exécution du § II du nouvel article 93 du Code de commerce, le Président du Tribunal de commerce aura désigné, pour la vente, une autre classe d'officiers publics que les courtiers, il en sera fait mention dans les annonces, affiches et catalogues prescrits par les articles 21 et 22 du décret du 12 Mars 1859.

> NOTA. — Ces articles 21 et 22 se trouveront transcrits plus loin sous le § III.

ART. 3. — Le minimum de la valeur des lots est fixé à 100 fr. pour les ventes de marchandises de toute espèce faites dans les cas prévus par loi du 23 Mai 1863.

§ III

Dispositions législatives réglant le mode d'exécution des ventes faites en vertu des deux lois précitées.

Arrêté ministériel du 30 Juillet 1860.

ARTICLE PREMIER. — Le droit de courtage est provisoirement fixé, pour le ressort du Tribunal de commerce de la Seine :

A 1/2 pour cent du prix de la vente pour les alcools, les farines de céréales, les huiles fixes pures, les métaux bruts, les sucres bruts, les suifs et les savons;

A 1 pour cent du prix de la vente pour toutes autres marchandises.

Loi du 23 Mai 1858 sur les ventes publiques de marchandises en gros.

ART. 4. — Le droit d'enregistrement des ventes publiques en gros est fixé à dix centimes par cent francs.

Loi du 23 Juin 1861.

ART. 17. — Le délai pour faire enregistrer les procès-verbaux des ventes publiques de marchandises faites par les courtiers est fixé à dix jours.

Loi du 28 Mai 1858 récitée.

ART. 5. — Les contestations relatives aux ventes sont portées devant le Tribunal de commerce.

ART. 6. — Il est procédé aux ventes dans les locaux spécialement autorisés à cet effet, après avis de la Chambre et du Tribunal de Commerce.

Décret du 12 Mars 1859, modifié par décret du 30 Mai 1863.

ART. 20. — Il sera procédé aux ventes publiques à la Bourse ou dans les salles autorisées, conformément au présent décret.

ARTICLE PREMIER. — Toute demande ayant pour objet l'autorisation d'ouvrir un magasin général ou une salle de ventes publiques est adressée au Ministre de l'agriculture, du commerce et des travaux publics, par l'intermédiaire du Préfet, avec l'avis de ce fonctionnaire et celui des corps désignés dans la loi du 28 Mai 1858.

Même décret [...]
Mars 1859.

Le Ministre des finances est consulté lorsque l'établissement projeté doit être placé dans des locaux soumis au régime de l'entrepôt réel ou recevoir des marchandises en entrepôt fictif.

Les autorisations sont données par décret rendu sur l'avis de la Section des travaux publics, de l'agriculture et du commerce, du Conseil d'État.

L'établissement peut être formé spécialement pour une ou plusieurs espèces de marchandises.

ART. 6. — Les exploitants des magasins généraux et des salles de ventes sont tenus de les mettre, sans préférence ni faveur, à la disposition de toute personne qui veut opérer le magasinage ou la vente de ses marchandises dans les termes des lois du 28 Mai 1858.

Décret du 12
1859.

ART. 20 (*suite*). — Toutefois le courtier est autorisé à vendre sur place, dans le cas où la marchandise ne peut être déplacée sans préjudice pour le vendeur et où, en même temps, la vente ne peut être convenablement faite que sur le vu de la marchandise.

Décret du 12
1859 modifié.

Le courtier peut également vendre sur place s'il n'existe pas de Bourse ni de salle de ventes autorisée dans la commune où la marchandise est déposée.

ART. 21. — Le lieu, le jour, les heures et les conditions de la vente, la nature et la quantité de la marchandise doivent être, trois jours au moins à l'avance, publiés au moyen d'une annonce dans l'un des journaux désignés pour les annonces judiciaires de la localité et, en outre, au moyen d'affiches apposées à la Bourse, ainsi qu'à la porte du local où il doit être procédé à la vente et du magasin où les marchandises sont déposées.

Deux jours au moins avant la vente, le public doit être

admis à examiner et vérifier les marchandises, et toutes facilités doivent lui être données à cet égard.

Toutefois, le Président du Tribunal de commerce du lieu de la vente peut, sur requête motivée, accorder dispense de l'exposition préalable prescrite par le paragraphe précédent, lorsqu'il s'agit de marchandises qui, à cause de leur nature ou de leur état d'avarie, ne pourraient pas y être soumises sans inconvénients. Mais, en tous cas, des mesures doivent être prises pour que le public puisse examiner les marchandises avant qu'il soit procédé à la vente.

Décret du 12 Mars 1859.

ART. 22. — Avant la vente, il est dressé et imprimé un catalogue des denrées et marchandises à vendre, lequel porte la signature du courtier chargé de l'opération. Ce catalogue est délivré à tout requérant.

Décret du 12 Mars 1859 modifié.

ART. 23. — Le catalogue énonce les marques, numéros, nature et quantités de chaque lot de marchandises, les magasins où elles sont déposées, les jours et les heures où elles peuvent être examinées, et le lieu, les jours et les heures où elles seront vendues.

Sont mentionnées également : les époques de livraison, les conditions de paiement, les tares, avaries et toutes les autres indications et conditions qui seront la base et la règle du contrat entre les vendeurs et les acheteurs.

La formation préalable de lots distincts n'est pas obligatoire pour les marchandises en grenier ou en chantier. Si elle n'a pas lieu, le catalogue doit mentionner la cause qui empêche d'y procéder et la manière dont s'opérera la livraison. La même mention doit être reproduite dans le procès-verbal de la vente.

Décret du 12 Mars 1859.

ART. 24. — Lors de la vente, le courtier inscrit immédiatement sur le catalogue, en regard de chaque lot, les nom et domicile de l'acheteur, ainsi que le prix d'adjudication.

Décret du 12 Mars 1859 modifié.

ART. 25. — NOTA. — Cet article est abrogé, pour les ventes dont il s'agit, par les dispositions ci-dessus relatées des décrets du 6 Juin et du 29 Août 1863.

Décret du 12 Mars 1859.

ART. 26. — Les enchères seront reçues et les adjudications faites par le courtier chargé de la vente.

Le courtier dresse procès-verbal de chaque séance sur un registre coté et paraphé conformément à l'article 11 du Code de commerce.

Art. 27. — Faute par l'adjudicataire de payer le prix dans les délais fixés, la marchandise est revendue à la folle enchère, à ses risques et périls, trois jours après la sommation qui lui a été faite de payer, sans qu'il soit besoin de jugement. *Même décret.*

Art. 86. — Un agent de change ou courtier ne peut se rendre garant de l'exécution des marchés dans lesquels il s'entremet. *Code de Comme*

§ IV.

Extrait des Instructions publiées par la Chambre syndicale des courtiers assermentés de Paris

Aux termes de ces Instructions, tout courtier qui procédera à une vente publique devra notamment :

Art. 4. — Rédiger l'affiche timbrée, conformément aux prescriptions de l'article 21 du décret du 12 Mars 1859 modifié par le décret du 30 Août 1863, et veiller à ce que, après dépôt préalable au syndicat des courtiers, elle soit apposée trois jours au moins avant la vente, notamment à la Bourse et à la porte du magasin où les marchandises sont déposées, condition essentielle pour la validité de la vente ; y énoncer que le public étant admis à examiner et vérifier les marchandises deux jours au moins avant la vente, il ne sera fait droit à aucune réclamation sur la nature ou la qualité de la marchandise ; que, faute par l'adjudicataire de payer le prix dans les délais fixés, la marchandise sera revendue à sa folle enchère trois jours après la sommation qui lui aura été faite et sans qu'il soit besoin de jugement ;

Art. 9. — Ne procéder à l'adjudication qu'une fois toutes les formalités remplies, avec ou sans crieur, au choix du courtier, mais, dans tous les cas, avec un secrétaire ou commis chargé de lire à haute voix l'affiche de la vente, et d'inscrire, concurremment avec le courtier et sur un catalogue séparé, le prix de chaque adjudication en regard de chaque lot, avec le nom et le domicile de l'acheteur.

L'article 14 des mêmes Instructions est ainsi conçu :

Art. 14. — Les vacations auxquelles donneront lieu l'expertise ou le classement d'une partie de marchandises sont fixées à 25 fr.

> Nota. — Cet article est la conséquence des dispositions législatives que voici :
>
> *Décret du 12 Mars 1859.* — Art. 14. — Dans le cas où un courtier est requis pour l'estimation des marchandises, il n'a droit qu'à une vacation dont la quotité est fixée, pour chaque place, par le Ministre de l'agriculture, du commerce et des travaux publics, après avis du Tribunal de Commerce.
>
> *Arrêté ministériel du 30 Juillet 1860.* — Article premier. — Le droit de vacation prévu par l'article 14 du décret impérial précité du 12 Mars 1859, est fixé à 25 fr. pour les courtiers de Paris.

L'article 15 et dernier des instructions dont s'agit prescrit ce qui suit :

Art. 15. — Dans le cas où, après que toutes les formalités qui précèdent auraient été remplies, il conviendrait au vendeur de retirer sa marchandise, la Chambre syndicale sera appelée à taxer l'indemnité qui sera due au courtier pour son temps et ses soins.

Dans le cas où une vente annoncée ne devrait pas avoir lieu par une cause fortuite, le courtier devra en prévenir immédiatement le magasinier et se transporter sur les lieux le jour de la vente ou déléguer une personne chargée de le représenter, pour prévenir les acheteurs que la vente ne doit pas s'effectuer.

VINS ET LIQUIDES

Délibération du 30 Avril 1858.

Les vins et liquides ne peuvent être vendus que dans les Salles du rez-de-chaussée, ou dans la cour, alors même qu'ils feraient partie d'un mobilier pour lequel il aurait été retenu une Salle au 1er étage.

Toute demande de location de Salle pour vente de vins ou liquides doit indiquer le nombre total de bouteilles à vendre, et le nombre de celles non renfermées en caisses ou en paniers : si ces dernières excèdent le nombre de 1,200, la salle doit être demandée, non-seulement pour le jour, mais encore pour le lendemain de la vente, ce lendemain devant être employé à la livraison. Faute de remplir ces conditions, la demande est considérée comme non avenue.

VOLATILES (CHEVAUX, BESTIAUX, ETC.)

Les volatiles ne peuvent être vendus que dans la Salle n° 16, ou dans la Cour. Pour toute vente de volatiles faite dans la Salle n° 16, il est dû aux Commissionnaires une indemnité de 10 francs pour nettoyage.

Les chevaux, bestiaux et autres animaux vivants ne peuvent être vendus que dans la cour (*Voir ci-dessus Dispositions complémentaires du Tarif de locations des Salles, page 61*).

Vu et approuvé par la Chambre dans sa séance du 17 Mai 1878.

[illegible]

[illegible]

[illegible]
[illegible]
[illegible]
[illegible]

TABLE

82920 Imp. Vᵉᵉ Renou, Maulde & Cock, R. Rivoli, 144, à Paris.

Vᶜˢ RENOU, MAULDE ET COCK

Imprimeurs de la Compagnie des Commissaires-Priseurs

144, Rue de Rivoli, 144

Vᶜᵉˢ RENOU, MAULDE ET COCK

Imprimeurs de la Compagnie des Commissaires-Priseurs

144, Rue de Rivoli, 144

www.ingramcontent.com/pod-product-compliance
Ingram Content Group UK Ltd.
Pitfield, Milton Keynes, MK11 3LW, UK
UKHW020328130726
13696UKWH00003B/1225